Lustiges Taschenbuch 429

Jagd nach dem Ball

EGMONT EHAPA VERLAG GMBH

DEINE MEINUNG IST GEFRAGT

DIE GROSSE ONLINEUMFRAGE!

Lustiges-Taschenbuch.de

IMPRESSUM © Disney Enterprises, Inc. 2012, Walt Disney Lustiges Taschenbuch erscheint dreizehn Mal im Jahr bei Egmont Ehapa Verlag GmbH, Wallstr. 59, 10179 Berlin **I Geschäftsführer** Ulrich Buser **I Chefredaktion** Peter Höpfner (v.i.S.d.P.) **I Marketing & Kooperationen** Jörg Risken (GL-Disney) j.risken@ehapa.de, Matthias Maier (Senior Produkt-Manager) m.maier@ehapa.de **I Druck** GGP Media GmbH, Karl-Marx-Str. 24, D-07381 Pößneck **I Anzeigenleitung** Ingo Höhn (verantwortlich) Tel. 030-24008100 **I Kontakt Walt Disney Publishing** Jürgen Drescher magazine@disney.de **I** Die Redaktion arbeitet auf Grundlage der neuen amtlichen Rechtschreibregeln und hält sich bei Auswahlfällen an die vom Duden bevorzugte Schreibweise **I**

Leserservice Lustiges Taschenbuch Leserservice, 20080 Hamburg, E-Mail: info@ehapa-service.de, Tel. 030-99194 680 (reguläre Gesprächsgebühren für einen Anruf im deutschen Festnetz gemäß Ihrem Anbieter und Tarif)

www.lustiges-taschenbuch.de
www.egmont-mediasolutions.de
www.ehapa-shop.de
www.ehapa.de

COMICS

LIEBE FREUNDE!

Stellt euch vor, wir dürfen den Gewinnern des Endspiels der Europameisterschaft in Kiew einen Ball überreichen! Ist das nicht fantastisch? Bald darauf sitzen wir mit stolzgeschwellter Brust zusammen mit Onkel Donald im Zug und rattern durch die Ukraine. Doch bereits im Zug wird unsere Freude getrübt, denn ein verdächtig aussehender Mann versucht, uns den Ball zu entwenden. Allerdings ist das erst der Anfang, denn kaum sind wir in Kiew angekommen, geht die Jagd nach dem Ball erst richtig los ...

Auch Onkel Dagobert ist hinter etwas her, und zwar hinter dem letzten großen Abenteuer. Als er auf verschlungenen Wegen endlich zu einer alten Goldgräberstadt kommt, die ihm seltsam vertraut vorkommt, erzählt ihm der einzige Bewohner von einer Goldmine, die noch viele Schätze zu bieten hat. Da die Mine nur mit einem heruntergekommenen Zug zu erreichen ist, macht er sich eifrig daran, Lokomotive und Schienen wieder herzurichten. Doch kaum hat er die verlassene Goldmine erreicht, fällt es dem reichsten Mann der Welt wie Schuppen von den Augen!

Hat Onkel Donald das Zeug zum Helden? Das fragen wir uns sehr ernsthaft, seit unser Onkel uns eine wilde Geschichte aus dem mittelalterlichen Schottland erzählt hat. Er will nämlich an der Seite von Lion McHeart gekämpft und sogar durch eine List sämtliche Angreifer in die Flucht geschlagen haben. Eigentlich vollkommen undenkbar, oder?

Und wir haben nochmal die Chance, unsere Mannschaft zur Europameisterschaft zu begleiten. Die Spieler sind in grandioser Form. Doch plötzlich wirkt die Mannschaft wie ausgewechselt. Sie verliert sogar gegen ein paar Hobbykicker. Es ist wirklich wie verhext! Wer mag wohl dahinterstecken?

Viel Spaß und bis bald!

Eure
Tick, Trick und Track

WALT DISNEY

JAGD nach dem Ball

Heute ist ein ganz großer Tag für Tick, Trick und Track. Im wahrsten Wortsinn eine runde Sache...

Wir haben beschlossen, euch als Spielführer der ersten Mannschaft der Jugendabteilung des 1. FC Entenhausen besonders auszuzeichnen.

Euch gebührt die Ehre, den Gewinnern des Endspiels der Europameisterschaft in Kiew diesen Ball zu überreichen.

I-D 2011-015

Pat & Carol McGreal (Story), **Flemming Andersen** (Zeichnungen)

Das ist ja voll der Wahnsinn! Wir werden das Finale sehen!

Los, her mit der Pille! Wir sollten auf jeden Fall in bester Form auflaufen.

Der Ball aber auch! Wir haben jetzt immerhin die Verantwortung für dieses Spielgerät.

Wir? Träum weiter! Das ist unser Ding! Du bist nur der nötige Erziehungsberechtigte.

Extrablatt! Dreister Juwelenraub! Karatowski-Kollektion aus dem Museum entwendet!

Gute Güte! Das Verbrechen gewinnt selbst bei uns langsam die Oberhand, was?

Aber warum sollten wir uns noch über irgendwelche Schurken in Entenhausen aufregen?

Wir fahren doch in die Ukraine!

Indessen...

Diese braven Buben sind fürwahr veritable Vertreter unseres so schönen Städtchens.

Aber unbedingt! Wenn mich die Herren entschuldigen würden, ich habe noch einen Anruf zu tätigen.

Igor? Alles läuft nach Plan. Die Karatowski-Klunker sind in einen Fußball eingenäht, den drei Blagen mit ihrem Onkel per Zug nach Kiew bringen werden. Direkt in deine starken Arme, hehehe.

Drei Kinder mit unserer Pinke in einer Pille und einer Pfeife als Aufpasser? Das ist ja mal niedlich.

Die schnappe ich mir, sobald sie im Bahnhof einlaufen. Dann verhöker ich das Zeug und jeder kriegt seinen...

Nanu?

Einen Moment! Ich muss kurz was überprüfen...

Hmmm!

Tja, Igor... als Hehler bist du zwar ein leider ernst zu nehmender Gegner, aber diesmal werde ich — der gemeine und gerissene Garanko — das große Geschäft machen, mir den Fußball schnappen und die Sore absahnen.

War doch niemand am Fenster. Bin wohl etwas angespannt. Urlaub wär mal wieder nötig. Jedenfalls hatte ich das ungute Gefühl...

...dass wir gerade eben im Moment abgehört und belauscht werden!

Ach ja? Hehe!

Dabei sind Gefühle eben doch oft trügerisch. Ich werde mir diesen Ball jedenfalls gleich im Zug schnappen!

Um einiges später braust der Zug mit den Ducks an Bord bereits durch die nächtliche Ukraine...

Ist das nicht irre? Morgen früh sind wir bereits in Kiew...

...und somit mehr als pünktlich zum Endspiel der Europameisterschaft...

...im Stadion, wo wir der Siegermannschaft unseren Ball aus Entenhausen überreichen werden!

Ich bin so aufgeregt, dass ich sicher kein Auge zutun kann.

Das solltet ihr aber...

...denn morgen ist ein langer Tag. Da braucht ihr Würmlinge ausreichend Nachtruhe.

Da hast du sicher recht. Mit dem Ball im Arm wartet bestimmt ein toller Traum auf mich.

Ich mache mich jetzt auch bettfein. Wenn ich zurück bin, möchte ich dezente Schnarchgeräusche hören!

Das wird ja einfacher als gedacht. Dann also rasch ans Werk!

An mein Herz, mein kleiner Freund aus Leder, mein Ein und Alles...

Genug geschwelgt, ich bin jetzt dran!

Die Welt ist rund, der Ball ist's auch — und damit auch mein Leben!

Her damit, Bruderherz, ich bin dran!

Welch kostbares Kleinod von historischer Bedeutung halte ich hier in Händen...

Ich bin dran!

Seufz. Schon? Schade. Hier, nimm ihn dir, Tick.

Danke!

He, Moment mal... War diese Stimme nicht etwas zu tief?

Alarm! So ein krimineller Knabe hat sich unseren Ball gekrallt!

Der Typ meint's bitterernst. Wir müssen verduften.

Schön gesagt, aber wie? Der Zug ist gleich zu Ende.

Und was jetzt? Wir können uns doch nicht unseren geliebten Ball abnehmen lassen.

Alles Gute geht nach oben...

...oder so ähnlich. Das ist zwar extrem gefährlich, aber der einzig mögliche Weg, diesen Ganoven abzuhängen.

Nicht wirklich! **Grmpf!**

Eure Flucht macht die Sache nur unnötig kompliziert, Kinder. Ich muss diesen Ball einfach haben!

Ihr habt ja keine Ahnung, was es mit diesem Ball auf sich hat. Ich...

Achtung! Seht doch!

Kurz danach...

Das war ganz schön knapp eben, Brüder! Was?

Keine Frage. Aber mittlerweile dürfte der Schuft schon ein paar Kilometer von uns entfernt sein.

Oh, Onkel Donald!

Genau der! Ich will jetzt genau wissen, was hier los war, Kinder.

Der Kerl, mit dem du zusammengerumpelt bist, wollte unseren Ball stehlen.

So? Warum das denn?

Woher soll ich das denn wissen? Vielleicht ist er ein Sammler von seltenen Sportutensilien.

Jetzt ist er als Fußgänger jedenfalls selbst sportlich unterwegs. Wenn auch unfreiwillig.

Wie dem auch sei, ich habe die Pflicht, euch und diesen Ball unversehrt zum Stadion in Kiew zu bringen...

Geht das schon wieder los?

...und ich werde diese Aufgabe mehr als nur ernst nehmen!

15

16

Ich hab doch gar keine Straße geraubt, haha. Diese Gassen kenne ich wie meine Westentasche. Da hänge ich ihn locker ab!

Und danach verjuble ich die Juwelen in diesem feinen Bällchen für furchtbar viel Kohle!

Hallo, Igor! Guter Plan, nur wird nichts draus!

Das darf nicht wahr sein... Garanko! Mein ewiger Erzfeind und raffgieriger Rivale! Woher weiß er von den Steinen?

Gräm dich nicht und hör auf zu grübeln, Igor. Jetzt gehört die Pille eben mir.

Und jetzt wieder mir. Danke auch!

Wie kann man nur so ballverliebt sein? Die wollen mir anscheinend beide im wahrsten Wortsinn...

...ans Leder und kommen dummerweise immer näher. Ich sollte über ein Abspiel nachdenken.

Bleib lieber stehen! Du wirst uns sowieso nicht entkommen!

Da, das ist das Mutter-Heimat-Monument. So stand es im Reiseführer, glaube ich.

Und direkt davor ist Onkel Donald!

Seht doch! Er klettert hinauf... Na ja, er rast wohl eher!

Verrückt! So was gibt's sonst nur in Comics.

18

20

Diese Gasse ist eine astreine Abkürzung. Super, oder?

Und dennoch findet die Jagd hier ein jähes Ende.

O nein! Das ist der Typ aus dem Zug. Das gibt's nicht.

Glaubt mir, das gibt's doch. Und jetzt her mit dem Ball!

Und damit ihr seht, dass ich es absolut ernst meine...

Schluck! Was wird denn das? Holt er jetzt eine Knarre raus?

...zeige ich euch meinen Ausweis! Ich bin Interpol-Agent Jond. James Jond. In diesem Ball ist die geklaute Karatowski-Kollektion versteckt!

Gestohlene Juwelen? Hier drin? Kein Scherz?

Ich scherze nie. Zumindest nicht, wenn ich im Dienst bin. Privat recht gern. Aber das führt zu weit... Jedenfalls ist der Dieb, der sich als Fußballfunktionär ausgegeben hatte, bereits verhaftet!

Ich halte nun mal gerne, was ich versprochen habe! Und ich scheine gerade noch rechtzeitig zu kommen!

Nach wie vor unentschieden und nur noch wenige Minuten zu spielen, meine Damen und Herren! Wer wird hier und heute Europameister?

Igor, sieh doch: Da ist dieser tumbe Typ mit dem Ball!

Ich wusste doch, dass er früher oder später hier auftauchen würde.

Wir müssen ihn in die Zange nehmen!

Das ist unsere letzte Chance, uns die Klunker zu holen!

24

Das Spiel wird immer wilder! Jetzt sind noch drei weitere Personen auf dem Rasen aufgetaucht...

Der Schiedsrichter scheint überfordert und kann nicht...

...verhindern, dass die Störenfriede das Spiel der beiden Mannschaften aufs Heftigste behindern.

Könnt ihr euren Onkel irgendwo entdecken?

Er steckt im größten Chaos! Da drüben!

Ich hab die Pille und freie Bahn! Das wird das Siegtor!

Halt! Stopp! Aufhören! Das ist der falsche Ball!

Das ist alles nur deine Schuld, Garanko! Hättest du dich nicht eingemischt...

Grmpf! Quatsch mich nicht voll, Igor!

Wenn du mich nicht gestört hättest, wäre ich schon längst über alle Berge.

Soll mir recht sein. Ich schnappe mir schnell ein paar Steine und dann verdufte ich.

Verzeihen Sie die Störung, meine Herren. Aber für Sie sind bereits zwei hübsche Einzelzellen reserviert...

Pah! Wer sind Sie denn?

Jond, James Jond von Interpol! Und Sie beide sind hiermit verhaftet.

Fantastisch! Bist du jetzt zufrieden, Garanko?

Du hast es wirklich geschafft, Onkel Donald. Und das trotz aller Widrigkeiten. Tolle Leistung!

Du bist der Held des Tages! Juhuuu!

Ist dir nicht gut, Onkel Donald?

Brabbel... blubb... Nachts ist es kälter als draußen... kicher!

Nach Spielende bereitet man sich auf eine besonders feierliche Zeremonie vor...

In Anerkennung eurer Verdienste im Kampf gegen das internationale Verbrechen überreichen wir euch hiermit den Ball, mit dem das Siegtor dieser Europameisterschaft erzielt wurde.

Das ist ein wahrer Schatz, ein einmaliges Andenken. Bist du glücklich darüber, Onkel Donald?

Geht mir bloß mit dem Ding aus den Augen! In Zukunft halte ich mich von allen Ballspielarten fern. Da bin ich ganz sicher!

ENDE

Fausto Vitaliano (Story), Ottavio Panaro (Zeichnungen)

Damit wäre das Team der tollkühnen Abenteurer komplett!

Einer hat uns noch gefehlt!

Wie?

Wir sind die Beherzten Biber!

Und wir die Tollen Tapire!

Wir messen gerade unser Können in Mutproben!

Wer wagt es, den Abgrund über dem reißenden Fluss auf einer schwankenden Brücke zu überqueren?

Und wer kann sich mit der Machete den Weg durch den Dschungel bahnen?

BASIS-LAGER

Die ist ja nur aus Plastik!

Wir wollen uns schließlich nicht verletzen!

Verraten Sie mir mal, wo ich hier bin!

Im Lager des Klubs „Sorglos überleben"! Hier findet ein Feriencamp für Abenteurer mit Sinn für Vorsicht statt!

Hier gibt es jede Menge Arten, seinen Mut zu zeigen!

Beim Dartwerfen, Damespielen...

...beim Schaukeln und beim Kreuzworträten!

Und abends ist Tanz mit den Animatoren!

Allzeit bereit!

Ange- nehm!

Und? Überzeugt? Werden Sie jetzt einer von uns?

Nun, äh... ich...

Einige Tage später...

Es ist eine Tragödie, Baptist!

WEG!

Nirgendwo findet man noch unberührte Wildnis! Überall breiten sich diese albernen Feriencamps aus!

Dabei ist die Welt so groß!

Verlange ich etwa zu viel? Ich suche doch nur ein unberührtes Fleckchen, wo nicht gleich jeder Schritt vorhersehbar ist und...

Die Unterschriftenmappe!

Büro des Chefs

...wo ein Klümpchen Gold zu finden ist!

Wenn ich bitten dürfte!

Die hier ist für eine Neugründung und die zweite für einen Abriss!

Ich glaube, ich kenne so einen Flecken Erde!

Wirklich? Wo denn? Reden Sie schon!

Nicht weit...

„...von hier, im Entenhausener Stadtpark!"

Wenn Baptist recht hat, müsste es gleich hier sein!

Da ist es!

Das soll ein Schacht sein, der Zugang in die alten Wasserkanäle der Stadt bietet!

Das Tor zum unbekannten Entenhausen!

KLONK!

Unter diesem Deckel lauert das Abenteuer!

Und los geht's!

HOPP!

Es beginnt mit einer Fahrt in die Tiefe...

WUUUSCH!

33

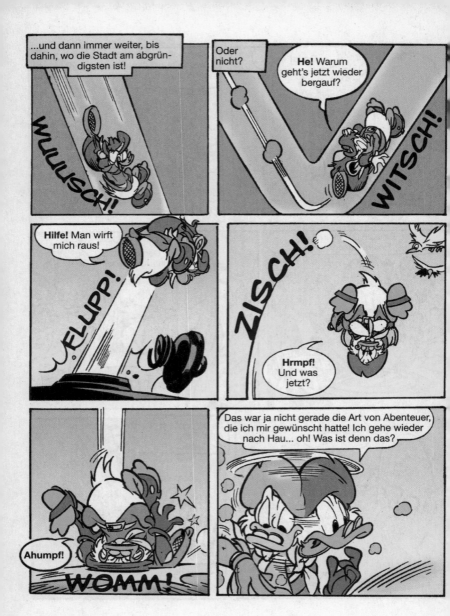

Das sieht aus wie eine alte Goldgräberstadt!

Es sieht nicht nur so aus, Fremder! Es ist eine!

SALOON

ELMENTAL

Und wo ist Entenhausen?

Bevor ich antworte, möchte ich Ihnen sagen, wie sehr es mich freut, einen Trapper in der Stadt zu sehen!

Ich bin der Sheriff von Elmental! Ich und der Rest der Bevölkerung heißen Sie willkommen!

Ich will ja nicht neugierig sein, aber...

SALOON

POST

SHER

...wo ist denn der Rest der Bevölkerung?

Nun, zurzeit ist tatsächlich niemand mehr hier! Aber das war schon mal vollkommen anders!

Elmental war einstmals das Paradies der Golddigger*!

*Goldsucher.

„Sie kamen zu Dutzenden, zu Hunderten! Und sie brachten sogar ihre Familien mit!"

Wenn sie von ihrer Suche zurückkamen, gab es nicht einen unter ihnen, der nicht einen großen Klumpen gefunden hatte!

Einen Klumpen?

Hm... der Ort kommt mir bekannt vor!

Ihr Gesicht ist mir nicht fremd!

Ich war ganz sicher hier, bevor die Mine erschöpft war!

Unsinn! Wer sagt denn so was?

„Ich bin sicher, dass da noch einiges zu holen ist!"

Es gibt eben keinen echten Pioniergeist mehr! Alle wollen es nur noch bequem haben!

O ja! Wem sagen Sie das!

BONK!

Ich richte die Bahn wieder her, und dann hole ich mir die Goldklumpen!

Bravo! Ihnen sieht man den Schneid schon an!

Onkel Dagobert hat endlich das lang ersehnte Abenteuer gefunden...

Ich kenne dieses Modell! Etwas angerostet, aber noch gut in der Spur!

Apropos Spur... was machen wir denn mit den Gleisen?

Die müssen wir schweißen! Gibt es hier ein Schweißgerät?

Der Laden da führt so gut wie alles!

GOLD-BÖRSE

Alles, was das Herz begehrt!

Sagte ich doch!

Nach einer ausgiebigen Mahlzeit...

Zeit, wieder ans Werk zu gehen!

Sie haben keine Ruhe, Fremder! Oder?

Jetzt müssen wir jeden einzelnen Meter der Gleise überprüfen!

Stellen Sie sich das nicht zu einfach vor!

Ich sagte ja schon, der Weg, der zur Mine führt, ist extrem gefährlich! Das ist kein Scherz! Ich meine das ernst!

Hihi! Soll ich Ihnen mal ein Geheimnis verraten?

Bei Gold hört auch für mich der Spaß auf!

Zange!

Zange!

Zwölferschlüssel, Öl und Werg!

Hier!

Schließlich...

Fertig zur Abfahrt! Kommen Sie schon!

Nur noch Wasser einfüllen!

Man merkt der Maschine nicht an, dass sie so lange stillstand!

PUFF!!

PUFF!

PUFF!

Von den Gleisen zurücktreten bitte!

KLACK!

LOS

Oha! Nicht übel!

He-he!

KALTER!

Läuft wie ein Uhrwerk!

Aber rumpelt ein wenig! Hihi!

KLAPPER!!

Da vorn! Das ist der...

...Felsen-
schlund!

Huch!

GROMMEL!

ZISCH!

Vorsicht!
Kopf
runter!

Uff! Das war
aber knapp!

Und das ist
noch lange
nicht alles!
Warten Sie's
nur ab!

Wenn die Gesteinsbrocken
erst in den unterirdischen
See stürzen...

...gibt es eine
Riesenwelle! Da
ist sie schon!

SCHWAPP!

44

Kreisch! Was wird das jetzt?

Ein Erdbeben! Das ist hier ganz normal!

GRUMMEL!

Vorbei?

Nein! Ich glaube, die Erde gönnt sich nur ein kurzes Päuschen!

Uack!

KLONK!

Ich... ich brauche jetzt auch eine Pause!

Sie enttäuschen mich, Fremder!

Ich dachte, Sie sind ein echter Kerl!

Hmpf! Das bin ich auch!

Bravo! Sehen Sie das Licht dahinten?

Was ist das denn wieder? Zauberei? Brennendes Gestein?

Nein, das ist das Gold!

ZISCH!

Wirklich? **Juhuuu!** Fahren Sie schneller!

Das hier ist die Mine von Elmental!

Japs! Wahnsinn! So etwas hab selbst ich noch nie gesehen!

In meiner ganzen langen Karriere als Goldgräber gab es nirgendwo solch einen Überfluss!

Tja, und das gehört jetzt alles Ihnen, Fremder!

Das haben Sie sich mit Ihrem Mut und Durchhaltevermögen verdient!

Sammeln Sie die Brocken nur in Ruhe ein! Ich halte derweil ein Schläfchen!

Hm...

...das hier ist ja gar kein Gold!

Chrrr...

Das sind mit Goldbronze bemalte Steine!

KRATZ!

Und die Wände der Mine...

...sind aus Pappe!

RATSCH!

So was! Ich bin hier in einem...

NOT-AUSGANG

48

„Das ist mein alter Park!"

VERGNÜGUNGSPARK ELMENTAL

GESCHLOSSEN!

Ich wollte damit die Atmosphäre einer alten Goldgräberstadt vermitteln! Ich erinnere mich...

VERGNÜGUNGSPARK ELMENTAL

Hiermit erkläre ich den Park für eröffnet! Nun kann sich jeder, der es möchte, auf Goldsuche begeben!

KLAPP! KLAPP!

KLATSCH!

Und ich erinnere mich auch noch daran, wie ich damals mit meiner Idee gescheitert bin!

Wir machen Verluste mit diesem Unternehmen, Herr Duck!

VERGNÜGUNGSPARKS

STERSTADT	VAMPIRGRUFT	ELMENTAL

Mag sein, aber ich hänge viel zu sehr an diesem Park!

Der Sheriff ist schon so lange hier, dass er mittlerweile glaubt, es hätte diese Stadt früher tatsächlich gegeben!

Hm?

ROARRR!

Hören Sie das auch?

Sicher wieder nur ein Erdbeben!

Nein! Das ist ein Motor!

Ha?

ROARRR!

O nein! Die Abrissraupe!

Schluck! Wo kommt der denn her?

Ich fürchte fast, den habe ich selbst bestellt!

Wenn ich bitten dürfte! Die hier ist für eine Neugründung und die zweite für einen Abriss!

ABRISS

ELMENTAL

Hä-hält er an?

Si-sieht so aus!

PSSSCH!

Was haben Sie hier überhaupt zu suchen? Was wollen Sie in meiner Stadt?

Stadt?

Ich bin hier der Sheriff! Sie sind verhaftet!

Wie? Aber... äh...

...ich hab den Auftrag, den Vergnügungspark abzureißen!

Vergnügungspark? Was soll das, junger Mann? Sie sind hier in Elmental!

Das ist doch alles dasselb... **mmmbl!**

Äh... schon gut! Ich werde das übernehmen!

Kommen Sie! Es ist alles in Ordnung, Sheriff!

Hm... wenn Sie meinen! Aber dieser Kerl gefällt mir gar nicht!

Schon wenige Tage später...

Willkommen in Elmental, dem Paradies der Goldgräber!

Keiner, der hier nach Gold sucht, geht mit leeren Händen nach Hause!

Toll! Mal was anderes als diese ewigen Ferienlager!

Das ist das richtige Abenteuer!

Ohne Plastikdschungel! Hihi!

Hier soll es manchmal sogar Erdbeben und riesige Flutwellen geben!

ZUR MINE

Aber... die sind doch nicht echt, oder?

Natürlich nicht! Wären wir sonst wohl hier?

Und Onkel Dagobert sucht längst nach neuen Abenteuern...

Keuch... gleich bin ich oben.

ENDE

Genie des Bösen

Düsterer als die Nacht...

KRACK!

...und bedrohlicher...

DONNER!

...als das ärgste Gewitter...

...sind die finsteren Pläne des Schwarzen Phantoms!

Schnaub! Ich schwöre, wenn es erneut misslingt...

...und die Säure das Quecksilber wieder nicht auflöst, werde ich ehrbar und gut!

Augusto Macchetto (Story), **Giuseppe Dalla Santa** (Zeichnungen)

Nur einige wenige Tropfen! Eins... zwei...

BUMM!

Seufz! Dasselbe schwarze Zeug wie bei den letzten Versuchen.

Grunz! Dieses Experiment wird mir wohl nie gelingen!

Und mir bleibt nichts übrig, als ehr-bar zu werden.

PLITSCH!

SCHLURGS!

Was war das?

Ich... ich traue meinen Augen kaum!

58

Könntest du für ein paar Tage Carmela hüten?

Äh... sicher!

Ich hab sie Tierfängern abgenommen, die sie illegal verkaufen wollten.

Sobald ich wieder hier bin, bringe ich sie nach Amazonien zurück.

TAPP!

In der Schachtel liegt auch ein Zettel mit Pflegehinweisen.

Na schön, aber...

KLACK!

...wer oder was ist Carmela?

Sie ist ein süßes und sehr anhängliches...

...Anakonda-baby! Bis dann, Micky!

!?

Hihi! Na, ich hoffe doch, die Umarmung ist lieb gemeint.

Purrrrr!

Schauen wir mal. Hm... hier steht, Anakondas brauchen ihr tägliches Bad.

Daher...

So, jetzt kannst du planschen.

PLATSCHER!

Ich kümmere mich mal um das Futter. Nanu?

TROPF!

Offenbar gibt es Probleme mit der Wasserversorgung. Gut, dass die Wanne... **huch!?**

Hihi! Verstehe! In den Pflegetipps steht, dass du noch üben musst.

„Indiana denkt eben an alles!"

Der Stausee ist schlagartig leer!

Herr Kommissar, sind Sie schon vor Ort?

Noch nicht, aber...

...ich bin jeden Moment dort.

Der Grund des Stausees scheint aufzureißen.

FLAPP!
FLAPP!

Sicher! Der Schwamm hat das Wasser aufgesogen und ist entsprechend schwer.

Das ist die Entdeckung des Jahrhunderts.

Ja, ich bin recht zufrieden.

Es waren langwierige Experimente nötig...

FLAPP!

FLAPP!

„...und eine kleine Prise Glück."

Ich traue meinen Augen kaum!

SCHLURGS

Ich wusste es! Einem Genie gelingt immer irgendetwas.

SCHLURGS!

Und ich bin nun mal das Genie des Bösen!

Das war nur eine kleine Kostprobe. Bald erfahrt ihr mehr.

FLAPP!
FLAPP!

Aber das wird euch nicht gefallen! *Uahahaaa!*

Kaum später...

Diesmal hat er ein richtig großes Ding gedreht.

Hm! Mir kommt es eher klein vor.

Allerdings kann er mit dieser Erfindung die ganze Welt erpressen, fürchte ich.

Einige Tage darauf...

Wir sind da. Beginnen wir mit der Aufzeichnung.

Wir befinden uns genau zehn Seemeilen vom Hafen entfernt...

...an dem Treffpunkt, den uns das Schwarze Phantom genannt hat.

FLAPP! FLAPP!

Da bin ich! Mit einem Zehn-Kubikmeterwürfel!

Schluck!

Dieser Schwamm saugt das Meerwasser in wenigen Sekunden auf!

Könnt ihr euch vorstellen, welche Auswirkungen das hätte?

Seufz! Das kann ich.

Ihr könnt nichts dagegen tun, es sei denn...

Jetzt sag schon, was du willst, Schurke!

Einen See aus Gold?

Ein Meer voller Diamanten?

...Micky Maus begibt sich heute Abend freiwillig in meine Gewalt!

Ich werde ihn für immer beseitigen, um endlich meine Ruhe zu haben.

!

RATSCH!

Überleg's dir, Micky! Du hast Zeit bis heute Abend!

Rette die Meere... und **stirb!**

Daher...

Ich rate Ihnen dringend davon ab!

Ich fürchte, ich habe keine Wahl.

Gut, aber dann bleibe ich auf jeden Fall in deiner Nähe.

Nein! Ich muss das allein durchstehen.

Ich bin mir ganz sicher, dass mir nichts zustoßen wird.

Das Schwarze Phantom wird scheitern. Wie immer.

Auch wenn die Aussichten von Stunde zu Stunde düsterer werden...

Ich werde ihn trotzdem im Auge behalten.

Ich auch. Und wie!

Kurz darauf... Schau nicht so traurig, Minni!

Seufz!

Ich flehe dich an, Micky! Begib dich nicht in die Gewalt dieses Schurken!

Ich muss! Es geht um mehr als nur um uns beide.

Aber ich fühle mich so allein ohne dich.

Das wirst du aber nicht sein, Minni!

Darf ich dir... huhu, Carmela! Wo steckst du denn?

Ist die süß!

Haha! Ich wusste, ihr würdet Freundinnen werden.

Den Zettel mit den Pflegetipps leg ich dir auf den Tisch.

Du bist eine Süße!

In ein paar Tagen wird Indiana sie wieder abholen.

Aber bis dahin bin ich längst wieder da.

MINNI MAUS

Tja, dann gehe ich jetzt. Bis später, Minni!

Warte, Micky! Ich muss dich noch mal drücken!

Pass ja auf dich auf! Versprich es mir!

Die Kegel wiederum lösen das Beil aus und...

Schon gut! Ich hab verstanden! Der Schwamm ist vermutlich voller Wasser?

Richtig! Er hat ein olympisches Schwimmbecken aufgesogen. Das sind...

...mehrere Tonnen Gewicht! Ich hab lange nach einem Versteck suchen müssen, das stabil genug ist.

Und jetzt entschuldige bitte, wenn ich nicht bleibe! Du weißt ja, ich bin schrecklich sensibel.

RUMMS!
KLICK!
KLACK!

Und ich... **schluck!** **O nein!** Ich fürchte fast, das war's!

Diesmal geht es mir wohl wirklich an den Kragen.

Nanu? Wer ist das?

Goofy! Juhuuu!

An die Polizei hat der finstere Schurke zwar gedacht...

...aber nicht an mich. **Hmpf!**

KLONG!

O nein! Die Scheibe zerbricht nicht!

KLONG!

Und so...

Vielen Dank für die Hilfe, Micky.

Oh! Ich danke dir, Indiana!

Und jetzt bringe ich Carmela nach Amazonien zurück.

Könntest du auf Juan aufpassen? Die beiden vertragen sich nicht.

Ich hole ihn in einer Woche wieder ab, ja?

Gut! Das sind die Pflegetipps. Aber wo ist Juan?

Und was ist ein „Brachypelma smithi"?

Oh, äh... lass dich überraschen!

ENDE

Rückkehr des Rächenden Ritters

Die Grafschaft Duckshire, irgendwann um das Jahr tausend...

Ich lasse nicht zu, dass du das Siegel an dich reißt!

GRUMMEL!

I-2880-3

Hrmpf! Du bist mir einmal zu oft ins Gehege gekommen, du Hampelmann!

Nimm das!

ZAPP!

Daneben, in der Hitze des Gefechts! **Haha!**

Gabriele Panini (Story), **Sandro Del Conte** (Zeichnungen)

KA-BOMM!

FIII...

SCHRAPP!

Ei, wie der Daus? Der Rächende Ritter...

...ist verschwunden!

Und seit jener Nacht ward der Held nicht mehr gesehen. Ebenso wenig wie die Hexe Gundula...

Dann, einhundertundfünfzig Jahre später...

KRACK!

86

„Und doch bin ich dem Ziel nahe, nachdem ich entdeckt habe, dass die Vögel den Aufstieg der warmen Luft nutzen, um sich in die Höhe tragen zu lassen!"

Was sollte mich hindern, einen Apparat zu bauen, der es mir selbst erlaubt, die Lüfte zu erobern?

Wäre der gesunde Menschenverstand eine mögliche Antwort?

Neffe!

Oh! Graf Dagobertus naht!

Du hast es verbockt! Gib es zu, Bube!

Äh... ich...

Das bedeutet eine weitere Handbreit Schulden!

Das ist nicht fair! Ich hab nur etwas zu fest gepumpt!

Pumpen ist eine Unart von dir, wie dein Schuldenstand zeigt!

Gemeinheit! Du bist ein Tyrann! Ein... ein...

Genug davon!

Zur Strafe wirst du den Kamin polieren, bis er blitzt, als hätte er nie einen Hauch von Asche gesehen!

Jawohl, das ist es! Endlich habe ich es geschafft! Gewiss besitzt der Graf den Schlüssel zu dem Ort, an dem das Siegel verwahrt liegt!

Das Siegel schließt den magischen Kreis, der das Füllhorn der Macht und des Reichtums beschwört!

Andernorts geht man weniger hoffnungsfroh zu Werke...

Meine Schulden machen mich zum Sklaven des Despoten! Ich hab keine Wahl, als zu tun, was er verlangt!

SCHRUBB!

SCHRABB!

Dieser Kamin wurde seit hundert Jahren nicht mehr gefegt. Oh! Was ist das?

Ein Ring aus Eisen in der Wand? Das schürt meine Neugierde. **Uff!**

Wozu ist der wohl da...

KLONK!

...aaah! Was geht hier vor?

KLAPP!

Vergesst die Frage! Ich glaube, ich will es gar nicht wissen!

WUTSCH!

Autsch! Na, immerhin bin ich leidlich heil geblieben.

PLOMM!

Eieiei.

Was für ein seltsamer Ort. Wo bin ich hier?

FLIMP!

Vielleicht gibt das Buch Auskunft?

Unglaublich! Das ist das geheime Hauptquartier des Rächenden Ritters!

Ich hielt ihn für eine Legende, doch das hier ist offenbar sein Tagebuch!

„Es erzählt von jener Nacht, in der er verschwand!"

KA-BOMM!

90

Ächz! Uff!

„Dank der Leiter im Kamin, die auf direktem Wege zu meinem geheimen Hauptquartier führt, war es ein Leichtes zu verschwinden, ohne Spuren zu hinterlassen..."

„Gundula ist außer Gefecht! Also ist für mich endlich der Zeitpunkt gekommen, mich in Frieden zur Ruhe zu setzen."

„Es sei nun die Aufgabe anderer, das Gleichgewicht zwischen Schuld und Sühne zu schaffen."

Schuld und Sühne? Warum nicht. Vielleicht gelingt es ja dem Rächenden Ritter...

...meinen Onkel zu überzeugen, dass meine Schulden zur Genüge gesühnt sind!

Und so, in jener Nacht...

Onkel Dagobertus gönnt sich in der Küche jeden Abend zur selben Zeit ein Nachtmahl aus trocken Brot und Brunnenwasser. Dort will ich ihn erwarten.

Ich höre ihn kommen! Aber wer ist da bei ihm?

Haha! Den Grafen zu hypnotisieren war ein Kinderspiel!

Vorwärts! Geh voran! Weise mir den Weg zur Schatzkammer!

Schatz-kammer...

Dieses Weib will ihn wohl berauben?

So sehr ich auch mit ihm hadern mag, das kann ich nicht geschehen lassen!

Weiche zurück, gemeine Diebin! Gib mein... äh... den Grafen von Duckshire frei!

Du? Unmöglich!

Nicht in Form, wie? Ja, das Alter!

Was tust du da? Das ist Zauberei!

ZOSCH!

Ich muss sagen, irgendwie hab ich dich anders in Erinnerung.

Du bist eine Hexe!

Und du bist ein Hochstapler!

Uack!

KRACKS!

ZAPP!

Und nun... der Gnadenzauber!

Bitte tu mir nichts!

KLICK!

Ich...

He!

KRACK!

Das war ein Wunder!

Mich wundert es weniger. Alles steinalte Kamellen! Damit kannst du mich nicht aufhalten!

FALICH!

KLACK!

Ich werde nicht dulden, dass du die Schätze des Grafen raubst!

Was scheren mich die Schätze? Ich will das Siegel im Sockelstein des Schlosses!

ZOSCH!

Sockelstein? Aber wenn du den wegnimmst...

...versinkt der ganze Schlamassel hier in Schutt und Asche! Ein netter Nebeneffekt! **Haha!**

WIRRR!

Uargh!

KARACKS!

Ich weiß nicht, wer du bist, aber ein Held bist du nicht! So was...

...rieche i-iiieh!

Stöhn!

Knoblauch! Igitt! Ich weiche, doch ich komme wieder!

Lass dir nur Zeit. **Ächz!**

HAPTSCHI!

Aufgewacht, Herr Graf!

We-wer bist du? Was ist passiert?

Nein! Meine Tür! Weißt du, wie teuer die war?

Mich beschleicht eine unangenehme Vorahnung.

Hoch das Visier, Vandale, und her mit der Börse!

Tut mir leid, ich bin blank!

Feigling, fremder! Bleib da!

Keine Zeit! Meine Rüstung muss zum Entrosten!

Schnell! In Deckung!

Holla?

GRAPSCH!

Kompliment, mein tapferer Donaldus! Du hast dich wacker geschlagen gegen das Hexenweib!

Meister Düsentreib! Wie habt Ihr mich erkannt?

KLACK!

„Nun, im Kamin ist eine Vorrichtung verborgen, die Alarm gibt, wenn jemand in den versteckten Raum eindringt."

FUMP!

Das weiß ich, weil sie von einem meiner Vorfahren stammt. Ebenso wie die Geheimgänge des Schlosses, die ich seither instand halte.

Oh! Das hätte ich für eine echte Wand gehalten!

Die Geheimgänge sind alle hinter Wandteppichen verborgen, die dem ahnungslosen Betrachter eine falsche Wirklichkeit vorgaukeln.

All dies bekommt nun wieder einen Sinn, da ein neuer Rächender Ritter über das Wohl des Herzogtums Duckshire wacht!

Ihr irrt! Nur die Angst vor dem Schuldturm ließ mich zur Rüstung greifen!

Nein, Meister Düsentreib, was immer Ihr auch sucht...

„...in mir findet Ihr es nicht."

Hmm...

Andernorts betrachtet man seine Fähigkeiten nicht durch die Brille der Bescheidenheit...

Pah! Ich brauche die Schlüssel zur Schatzkammer nicht! Als Hexe stehen mir genügend andere Mittel zu Gebote!

97

Es gibt jemanden, der mich direkt zum Ziel führen wird. Er weiß es nur noch nicht.

Einige Tage später...

Onkel Dagobertus, der Sklaventreiber, hat mich dazu verdonnert, die Schilde im Schloss zu polieren. Nanu?

KRACKS!

Herrje! Die Hexe Gundula hat Meister Düsentreib entführt!

Hier ist ein Held gefragt, auch wenn er keine Antwort weiß!

KLONK!

Eine Gebrauchsanweisung? Wie aufmerksam von Meister Düsentreib!

Höre ich bald andere Gesänge als die der Kreide?

Bring sie zum Schweigen! Ich rede ja!

QUIETSCH!

KNIIIETSCH!

KREISCH!

Ich werde dir verraten, wo sich der Eingang zu dem Geheimgang befindet, durch den du unbemerkt in die Schatzkammer gelangst!

Danke für die selbstlose Hilfe. Aber täusch dich nicht!

„Du bleibst unter Beobachtung, bis ich den Beweis habe, dass du mich nicht belogen hast!"

Seit Stunden hat er den Blick nicht von mir gewandt!

Was ihn nicht unbedingt zu einem guten Wächter macht!

Gugg?

Ja, guck! Aber jetzt ist es zu spät!

KLONG!

Ungh!

Alles vergebens! Allem Anschein nach steht Gundula kurz vor ihrem Ziel! Wir können nichts mehr tun!

Das wird sich erst noch zeigen!

WIRBEL!

Mein Wirbelsturm hat die wertlosen Schätze zur Seite gefegt! Nun ist der Weg zum magischen Siegel frei!

Ein freier Weg, doch ein schwerer Gang, Gundula!

PRASSEL!

Hrmpf! Du schon wieder!

Ich lasse nicht zu, dass Schloss Duckshire fällt!

Wieder vorbei! Ich bin zu flink für dich!

ZOSCH!

BOING!

Mit dem Mundwerk vielleicht, du Maulheld!

POFF!

Aber Worte haben wir nun genug gewechselt.

PFOMM!

Ups! Holla!

Was folgt, ist die Tat. Und für dich Schweigen. Für die nächsten hundertfünfzig Jahre!

SPRATZEL!

Wie naiv von dir! Ich hab natürlich damit gerechnet...

ZOSCH!

...dass du denselben Trick versuchst wie dein Vorgänger!

Ich hab sein Tagebuch gelesen. Also war mir klar, dass du nicht darauf reinfällst.

Darum hab ich dich in den Saal mit all den Schilden gelockt, die mein Freund Donaldus so hingebungsvoll poliert hat!

O nein!

ZOSCH!

Und wenn du erwachst, findest du dich in einem Kerker wieder, der mitten in einer Knoblauchplantage steht!

Was geht hier vor sich?

Du wieder? Na warte! Diesmal werde ich dir...

...den Dank erweisen, der mir gebührt! Und nicht nur mir, auch Eurem Neffen!

Hätte Donaldus mich nicht vor der drohenden Gefahr gewarnt, würdet Ihr zu dieser Stunde bereits auf den Trümmern Eurer Existenz sitzen!

Kreisch! Was hat die Hexe meinem Gold angetan?

Meister Düsentreib hat gute Arbeit geleistet!

Vernichtet die Schuldenliste Eures Neffen, dann beschaffe ich Euch das Gold wieder!

Erpresser! Aber gut, es sei!

Fein! Folgt mir nach!

Eure Schatzkammer hat ein wenig gelitten. Aber nichts, was ein Eimer Farbe nicht richten könnte.

Du hast mich betrogen!

Kein Betrug, werter Herzog. Lediglich ein Trugbild.

Eine Lektion, die Hoheit hoffentlich nicht so bald vergisst.

So wenig wie sein Versprechen, die Schuldenliste aus der Welt zu schaffen, wohl verstanden!

Unbesorgt! Ich stehe zu meinem Wort. Magst du noch mehr hören?

Nicht jene, die Euch vorschweben!

Ein wahrer Held weiß, wann es Zeit ist zu gehen. **Haha!**

Und so nimmt Donaldus die Aufgaben an, die das Schicksal ihm beschert hat. Bei Tag als Assistent von Meister Düsentreib...

...und des Nachts als neuer Rächender Ritter, der zuverlässig über das Wohl des Herzogtums Duckshire wacht!

Schon schön, wenn man gebraucht wird, aber ein wenig Schlaf ab und an wäre auch nicht schlecht.

ENDE

Giorgio Figus (Story), **Alessandro Gottardo** (Zeichnungen)

Schön für Sie! So eine Kreuzfahrt hinterlässt bleibende Eindrücke!

Meinen Sie?

Klar! Finden Sie nicht, dass einen die Aussicht beflügelt?

Was steht denn heute auf dem Programm?

Ein ganz fantastischer Ausflug!

Wir besuchen nämlich eine Kolonie von Regenbogenkrebsen!

„Die heißen so, weil sie ständig ihre Farbe wechseln!"

Bald darauf...

Wann sind wir denn nun endlich da?

Nur Geduld! In einer halben Stunde!

Ist das etwa Ihre Fotoausrüstung?

Nein, mein Erfinderkoffer!

Den habe ich immer bei mir, falls ich einen Einfall habe!

Sie sind echt ein Profi, hihi!

?!

!

RUMPEL! KRACKS!

Ein plötzliches Unwetter!

RAWUMMS!

Hilfe! Es kommt genau auf uns zu!

So ändern Sie doch den Kurs!

Dazu ist es jetzt zu...

...spät!

FLATSCH!

Später...

Uff! Was ist denn passiert?

Der Sturm hat uns auf diese Insel geworfen!

!

Sie scheint auf den ersten Blick unbewohnt zu sein.

Was war das denn für ein Ungetüm?

Das will ich lieber gar nicht wissen!

Wir verlassen den Dschungel wohl besser!

Sie sagen es!

Sie? Und warum?

Ich übernehme jetzt das Kommando!

Ich bin ausgebildeter Überlebenskünstler! Ich rette Sie sogar dann, wenn Sie es gar nicht wollen!

Donnerwetter!

Ich habe meine Lehrjahre im Dschungel von Borneo verbracht! Ich weiß, wie man so was angeht!

Sehen Sie diesen Baum hier?

So macht man das! Ich hab drei Monate mit Affen zusammengelebt!

Schnauf! Stöhn! Wenn ich doch wenigstens ein Seil oder etwas Ähnliches hätte!

Mit einem Seil könnte ich uns Früchte vom Baum holen und...

Aber... wie haben Sie das denn gemacht?

Mit dem Frucht-schüttler!

Ich versetze den Baum damit in Vibration...

...und schon wirft er mir die Früchte runter!

PLOFF!

POFF!

Jedenfalls werden wir sicher nicht verhungern!

Sonst hast du keine Probleme, wie?

Was ist mit dieser Kreatur, die wir im Dschungel gesehen haben?

Keine Sorge! In Afrika habe ich gelernt, wie man wilde Tiere hypnotisiert!

KRICKS!

KRACKS!

! Aaah!

KRACKS!

Und wenn Ihnen die Bestie dazu keine Zeit lässt?

Ähm... bei der Lektion hab ich wahrscheinweise ausnahmsweise gefehlt!

RASCHEL!

Hilfe! Das Ungeheuer!

114

Ungeheuer? Ich? Übertreiben Sie da nicht ein wenig?

! ?!

Dürfte man vielleicht erfahren, was Sie damit vorhaben?

Ich habe meinen mobilen Schreiner...

Oh!

...benutzt, um uns ein sicheres Haus zu bauen!

Tolle Idee! Jedenfalls besser als Hypnose!

Da klettern wir alle rein, falls das Monster uns angreift!

Warum haben Sie uns eigentlich nicht vor dem Schiffbruch gerettet?

Wie?

Hm... alle sagen, das Wesen hier im Dschungel sei so riesig, dass wir Angst vor ihm haben müssen!

Wenn ich die Größe nach den Lauten...

...und dem Echo berechne...

...dann ist diese gefährliche Bestie nicht viel größer als 50 Zentimeter!

GROARRR! GROLL!

Aaah! Da!

O weh! Es sind mehrere Ungeheuer! Und sie sind wirklich riesig!

Hilfe!

116

117

118

Ihre Erfindungen gehen mir langsam gewaltig auf den Keks!

?!

Ich hab jahrelang Überleben in ausweglosen Situationen trainiert!

Ich hab mich an Fitnessgeräten abgerackert, Reisen in die wüstesten Wüsten unternommen und wilden Tieren getrotzt!

Endlich könnte ich meine Kenntnisse vorführen, aber da kommen Sie mit Ihren lächerlichen Apparaten!

Na ja...

...letztlich kommt es doch auf das Ergebnis an, oder?

Reden Sie sich nicht raus! **Grrr!**

Sie können ja schön daherreden! Aber ich wette, Sie haben nicht den Mumm, sich dem Ungeheuer zu stellen, das da im Dschungel auf uns lauert!

Warum sollte ich? Ich habe ein Gerät konstruiert, das uns über all seine Bewegungen unterrichtet!

Pah! Das meinte ich ja! Sie sind ein Weichei!

Wilden Tieren muss man sich entgegenstellen! Los doch, helfen Sie mit, sie anzulocken!

KRACK!

BONG!

Also ich würde das anders machen! Lassen Sie mir etwas Zeit, dann...

...baue ich einen Schutzzaun!

Der Mann hat recht! Mit einem Knüppel haben wir doch keine Chance!

Quatsch! So ein Unsinn!

120

Doch leider erschrecken Ihre Streitereien unsere Drachen!

Drachen?

Na ja, keine echten! Aber sie sehen fast echt aus, oder nicht?

Ja, der sieht ziemlich lebendig aus!

!

Und doch ist alles...

...künstlich! Auch der Nebel!

Und wir dachten schon...

Ja, wir glaubten...

Und so, nach einigen Erklärungen...

Wir bringen Sie gern mit dem Boot zu Ihrem Schiff zurück! Aber für alle ist kein Platz!

Lassen Sie mich nur machen, hihi!

Und daher...

Ich muss zugeben, Sie wissen sich wirklich in jeder Situation zu helfen! Kann ich nicht bei Ihnen in die Lehre gehen?

?!

ENDE

Das Zeug zum Helden

Donald und die Jungs machen Ferien in der kleinen schottischen Stadt Haggis. Was nicht bei allen Beteiligten Begeisterungsstürme auslöst...

LION McHEART MUSEUM

Bloß weil dich der Kulturrappel reitet, können wir uns ein Ohr ablöden, Onkel Donald!

Dieses Kaff ist sogar zu fad, um langweilig zu sein! Was suchst du hier?

Den Hauch der Geschichte, die sich einst hier zugetragen hat! Vor siebenhundert Jahren wurde diese Siedlung von einer Horde von Barbaren angegriffen...

D 2009-019

„...doch der mächtige Lion McHeart schlug sie im Alleingang in die Flucht, bewaffnet nur mit einem alten Dudelsack!"

Euch blase ich den Marsch, ihr Milchgesichter!

Autsch!

Nehmt das!

Und das!

Umpf!

Michael T. Gilbert (Story), **Fecchi** (Zeichnungen)

124

Darüber wurde sogar ein Film gedreht!

Haben wir gesehen. Und sind eingepennt.

Mann! Die Bude bröselt wie Butterkeks!

Kein Wunder! Die Hütte hat siebenhundert Jahre auf dem Buckel. Da hat der alte McHeart gehaust, als er noch jung war.

STADT-FÜHRER

Und heute ist es ein Museum. Kommt, das sehen wir uns von innen an!

Wenn's sein muss...

KARTEN

Freut mich! Ihr seid die Ersten seit vierzehn Tagen.

Oder waren es Monate? Na, egal.

Der Rundgang beginnt mit dem Porträt des schottischen Helden Lion McHeart!

He, merkt ihr was? Der hat direkt Ähnlichkeit mit Onkel Donald!

Nur, dass er eine gute Figur macht.

Ja dem fehlt das Verhuschte.

Frechheit! Ich hab auch das Zeug zum Helden, bloß keine Gelegenheit, es zu beweisen!

Heutzutage braucht es halt keine Haudegen vom alten Schlage mehr!

Leider. Ich würde sonst was drum geben, wenn ich Lion McHeart sein könnte. **Seufz!**

Zum Schießen! Unser Onkel Donald ein Held in schimmernder Rüstung? **Haha!**

Dabei rutscht ihm schon beim Anblick einer gewöhnlichen Hausmaus das Herz in die Hose! **Hahaha!**

Das ist nicht lustig. **Hrmpf!**

Lass gut sein, Onkel Donald! Komm schon, die Führung geht im ersten Stock weiter!

Vielleicht gibt es da die Mausefallensammlung des alten McHeart zu sehen!

Geht nur, ihr Komiker. Ich schaue mich hier unten noch etwas um.

Na bitte, das ist doch was! Die berühmte Beidhandklinge von Lion McHeart! Beeindruckend!

LION McHEARTS SCHWERT

BERÜHREN STRENGSTENS VERBOTEN!

Umpf!

DONK!

Ächz! Warum es in alten Gemäuern immer von Falltüren wimmeln muss, ist mir ein Rätsel.

WER HOHEN MUTES IST, DER TRETE EIN. IHM SOLL SEIN GRÖSSTER WUNSCH ERFÜLLET SEIN.

Oh! Was ist das denn?

Mein größter Wunsch? Das liegt auf der Hand.

Fliehet! Dem Furor des mächtigen Donald McHeart ist keiner gewachsen!

Was für ein Lärm! Dass sich Touristen immer aufführen müssen wie eine Horde Hunnen auf Betriebsausflug.

Uack!

RASSEL! KLONG!

KLONK!

KLANG!

Sicher Filmaufnahmen für „Lion McHeart 2"! Heutzutage wird ja alles zur Serie. Hmm, sieht gut aus, der Held.

KLONK! KLANG!

Mag sein. Doch leider ist es eher schlecht um ihn bestellt...

Ich sehe schwarz für uns, McHeart! Es sind zu viele!

Aye! Uns kann wohl nur noch ein Wunder retten, McBlacksight!

Jetzt Moment mal! Die tun doch nicht nur so als ob. Das ist blutiger Ernst!

Und außerdem...

...wo sind all die Autos geblieben? Und die Telefonzellen? Und überhaupt könnte man fast meinen...

...ich bin im dreizehnten Jahrhundert gelandet!

Das muss an dieser vermaledeiten Tür liegen!

Ach, du grüne Neune! Nichts wie weg hier, bevor noch ein Unglück...

...passiert! Verflixt! **Uaah!**

132

Enten-hausen?

O ja! Ein Ort, der überaus reich ist an Helden! Vor allem an Helden der Arbeit, wie ich einer bin.

Wir danken dir von Herzen für deine Hilfe!

Nichts zu danken! Als ich sah, in welcher Bedrängnis der berühmte Lion McHeart war, gab es kein Halten mehr und ich habe...

...mich in die Schlacht gestürzt!

Gestürzt? Du bist wohl eher in die Schlacht gefallen!

Äh... wie meinen?

Ich hab gesehen, dass du fliehen wolltest! Und dann bist du gestolpert und den Hang herabgekullert, du klopfendes Hasenherz!

Äh... glbs!

Donald, ein Hasenherz? **Haha!** Du bist mir ein Scherzbold, mein alter Freund!

Öchz!

McBlacksight ist ein braver Mann wie kaum einer. Aber er hat einen Hang dazu, im Hellen das Dunkle zu sehen!

Du bist ein ganz Fröhlicher, wie?

Hrmpf!

Aber... äh... worum ging es denn bei der Auseinandersetzung vorhin?

Na, um Haggis! Um was denn auch sonst?

Haggis? Meinen Sie etwa dieses Gericht mit dem gefüllten Schafsmagen?

Genau! Haggis ist für uns das beste! Darum haben wir unser Dorf nach ihm benannt! Und in aller Bescheidenheit, unser Haggis ist mit Abstand der Beste in ganz Schottland.

Er ist so gut, dass er fast schon schmeckt!

Deshalb versuchen auch die Bewohner von Porridge seit Generationen immer wieder, unser Rezept zu stehlen!

Doch nun genug geredet! Lasst uns unseren Sieg feiern!

Holla! Was für ein Augenschmaus!

134

Ja! Sie ist wundervoll! Wie ein strahlender Stern am Firmament! Und kochen kann Kate auch. Ich hoffe, sie wird die Meine werden...

...eines fernen Tages. **Seufz!**

Lion McHeart! Mein Held! Wieder einmal hast du unser Dorf gerettet!

Und deshalb will ich dir den ersten Tanz des Abends schenken! Was sagst du dazu, mein schmucker, furchtloser Recke?

Öchz... äh... stammel...

Nein, das wäre nicht gerecht! Denn in Wirklichkeit war es Donald O'Duck, der den Feind in die Flucht geschlagen hat!

Was?

?

Nun denn, Donald O'Duck! Dann bist du es, dem der erste Tanz gebührt! Komm, die Musik wartet!

Aber...

Was ist mit Lion McHeart? Ich will nicht seinen Unmut erregen!

Keine Sorge!

In allem, was Kate angeht, erweist sich unser Held als Hasenherz! Den Ausdruck mag ich, merkst du's?

Wie leichtfüßig du bist, Donald! Nicht so ein plumper Haggis auf Beinen wie Lion McHeart!

Das liegt doch bloß daran, dass Lion ein wenig schüchtern ist! Wenn ihr erst verheiratet seid, zeigt er sich bestimmt selbstbewusster!

Verheiratet? **Pah!**

Ich heirate keinen, dem der Mut fehlt, um meine Hand anzuhalten.

Schluss mit der Hopserei! Die Stunde ist gekommen, da es gilt, den besten Haggis der Woche zu küren!

Und was hab ich damit zu schaffen?

Dir gebührt die Ehre der Verkostung, Hasenherz!

Argh!

Ich, äh... hab's nicht so mit schwerer Kost. Was ist in einem Haggis eigentlich drin?

Oh, nur das Feinste.

Schafsherz, Schafsleber, Schafslunge, Hafermehl, Nierenfett und andere Köstlichkeiten, verpackt in einem Schafsmagen und stundenlang gesotten.

Wurgs!

Danke, aber nein danke! Ich hab heut schon gegessen!

Tut nichts zur Sache! Bei uns ist stets der Ehrengast Richter über das Gericht!

Es sei denn, der Feigling drückt sich!

Donald O'Duck ein Feigling? Ich fürchte nicht Mann noch Monster!

Kreisch!

PIOK!

Aber ein Huhn ist zu viel für unser Hasenherz! **Haha!**

Der Pfeil des Feindes hat mich gefällt! Flieht, solange ihr noch könnt! Kümmert euch nicht um mich!

Ich schätze Helden mit Humor! Ein schönes Lachen hast du uns geschenkt! Doch nun genug des Schauspiels!

Schauspiel? Si-sicher... hehe!

Kommen wir zur Sache, mein Freund. Der Haggis harrt deines Urteils!

Schluck.

138

139

Und der nach fauligem Fisch, der sich als Scheunenanbeter verhat! **Spotz!**

...tzlich...

Lion McHeart! Es gibt schlimme Nachricht!

Hach, wie charmant!

Wir haben erfahren, dass die Männer aus Porridge für morgen einen neuen Angriff planen! Es werden doppelt so viele sein wie beim letzten Mal! Dem sind wir nicht gewachsen!

Und dennoch werden wir uns der Übermacht stellen und kämpfend in den Untergang gehen! Habe ich recht, Männer?

Aye!

Aye!

Aye!

Eieiei!

Gegenwart, ich komme! Ich habe nicht vor, mein bisschen Leben zu lassen, bevor ich überhaupt geboren wurde!

141

143

Der Schein trügt! Ich bin nicht der Held, für den man mich hält.

?

Ich verstehe! Auch den Tapfersten überkommt hin und wieder die Furcht! Und es zeugt von Mut, sich dazu zu bekennen!

Ich weiß nicht. Ein Lion McHeart fürchtet sich ja wohl vor nichts.

Mit deinen Worten gesagt: Ich fürchte nicht Mann noch Monster!

Aber ich hab Bammel davor, um Kates Hand anzuhalten!

Was, wenn sie Nein sagt? Unvorstellbar!

Lion McHeart fürchtet sich vor einem Mädchen?

144

In dem Fall bin ich allerdings der richtige Ratgeber. Was die Frauen betrifft, macht mir so schnell keiner was vor! Höchstens nach.

Wirklich?

Und wie! Als Erstes muss man wissen, dass Frauen beherrscht sein wollen! Sie brauchen jemanden, der ihnen sagt, wo es langgeht!

Ach? Ist das so?

Was fällt dir ein, mir Vorschriften zu machen? Ich bin groß genug, meine Entscheidungen selbst zu treffen!

Autsch!

Na ja, recht bedacht trifft das nicht ganz den Kern der Sache.

?

Manche hat ihren eigenen Kopf und weiß männliche Führung nicht zu schätzen.

Ach ja? Aber was wissen die Frauen denn dann zu schätzen?

Ehrlichkeit! Einem aufrichtigen Mann kann keine Frau widerstehen!

Mein neues Kleid macht mich dick? Das wagst du, mir ins Gesicht zu sagen, du Rüpel?

Autsch!

Wobei diese Vorgehensweise vielleicht nicht für Anfänger taugt.

Ach so?

Seufz! Mir wird es wohl nie gelingen, Kate anzusprechen!

Nicht den Mut verlieren! Ich hab eine Idee! Stell dir einfach vor, Kate wäre ein köstlicher wohlgestalter Haggis! Einen Haggis fürchtest du doch nicht, oder?

Natürlich nicht! Haggis liebe ich fast so sehr wie meine Kate!

Du bist ein weiser Mann, Donald! Ja, das gibt mir den Mut, um Kates Hand anzuhalten!

Und zwar auf der Stelle!

Alles zu seiner Zeit! Und nun ist es Zeit, die Waffen zu polieren!

Jetzt? Aber...

Kein Aber! Spar dir deinen Heldenmut für den Feind auf!

Und...

Geschafft! Ich lasse McHeart nicht gerne im Stich, aber das eigene Hemd ist mir doch näher als das Wams meines Waffenbruders!

Das einundzwanzigste Jahrhundert hat mich wieder!

WER HOHEN MUTES IST, DER TRETE EIN. IHM SOLL SEIN GRÖSSTER WUNSCH ERFÜLLET SEIN.

Äh... schluck!

Donald, lass den Unsinn! Reiß dich zusammen und...

Ach, verflixt!

Haltet durch, Freunde! Ich eile euch zu...

...Hilfe?

150

153

155

158

Mehr als das, Kinder! Ich bin ein Held! Ich habe ein geheimes Tor zur Vergangenheit gefunden und Haggis vor dem Ansturm der feindlichen Horden gerettet!

Kommt mit, ich beweise es euch!

Tja, solche Sachen passieren schon mal, wenn man einen Schlag auf den Schädel kassiert.

Augenblick! Wo ist denn die Falltür plötzlich hingekommen? Genau hier war sie doch!

Nein, hier hat es nie eine Falltür gegeben. Das haben Sie sich nur eingebildet.

Hab ich das?

Aber ja! Geheimnisvolle alte Orte wie dieser bringen die Fantasie auf Trab, wissen Sie.

Dabei hat alles so unglaublich echt gewirkt.

He! Was ist das für ein Bild?

Dieses Gemälde stellt Lion McHeart und seine Angebetete Kate am Tag ihrer Vermählung dar.

Und der Kleine ist sein bester Kamerad McBlacksight.

McBlacksights Deckel sieht genau so aus wie Onkel Donalds Mütze!

Ein Haggis? Wo hast du den denn her, Onkel Donald?

Verrate ich nicht.

Die Geschichte ist so verrückt, dass sie besser unerzählt bleibt!

ENDE

160

Franz fährt Bahn

Heute ist der gute Franz unterwegs in einer wichtigen Mission...

Frau Großmutter schickt mich nach Gansbach, um ein wenig Spitze für Sie zu kaufen.

BAHNHOF

HOTEL

J-2775-4

„Sie war sehr in Sorge, ich könnte den Zug verpassen."

Sie trauen mir einfach nichts zu, Frau Großmutter!

Ich traue dir alles zu, das ist es ja.

ZU DEN ZÜGEN

ABFAHRT

Na bitte, klappt doch bestens! Der Zug fährt in zehn Minuten von Bahnsteig zwei ab.

Rudy Salvagnini (Story), **Ottavio Panaro** (Zeichnungen)

Der Zug nach Gansbach über Lurchhalden fährt in neun Minuten ein!

Noch jede Menge Zeit.

Ich kann inzwischen sogar noch ein wenig ruhen.

Dann...

FIIIII!

QUIETSCH!

Der Zug nach Gansbach über Lurchhalden fährt ab! Vorsicht an der Bahnsteigkante!

RUMPEL! PUMM! PUMM!

Zzz!

Wenig später...

Der Zug nach Erpelstett über Muckenloch fährt ein auf Gleis zwei!

Uff! Gerade noch!

Zzz!

REMPEL!

Verzeihung! War keine Absicht!

Hm? Macht nichts!

Ah, endlich! Mein Zug!

Warten Sie schon lange?

Ein paar Minuten. Seltsam, waren vorhin nicht mehr Leute auf dem Bahnsteig?

?

Na ja, viellei... ch... **zzz!**

Ich sehe schon, viel zu sagen haben wir uns nicht.

163

Bei der Ankunft...

Endlich! Das hat ja ewig gedauert!

Woher wissen Sie das? Sie haben geschlafen!

Das hat man im Gespür! Schönen Aufenthalt in Gansbach wünsche ich!

Gans-bach?

BAHNHOF ERPELSTETT

Die Gansbacher Spitze ist berühmt. In der Art bekommt man sie nur hier.

Doch...

Gansbacher Spitze? Fragen Sie in Gans-bach!

Bisschen wirr, der gute Mann. Weiß nicht mal, wo er wohnt.

Aber das macht nichts. Hier wimmelt es nur so von Fachgeschäften.

KURZWAREN

Aber...

Wissen Sie nicht, dass Gansbach und Erpelstett im Wettstreit stehen bei Spitzen?

Äh... nein! Und?

Und Erpelstetter Spitze ist die beste! Ich führe keine aus Gansbach!

Schon gut!

Die spinnen, die Gansbacher! Die könnten glatt alle nach Erpelstett ziehen.

KURZWAREN

Woanders...

Pack die Kohle da rein!

So- sofort!

BANK

Ächz! Mir schlafen die Arme ein!

Dann nimm sie runter. Kann ja nicht schaden.

Nein.

Mir nicht. Aber euch, ihr Ganoven!

KLICK!

Sogar die Erpelstetter Bank hat in Gansbach eine Filiale! Ist ja witzig.

LALÜÜÜ!

ERPELSTETTER BANK

LALAAA!

Polizei! Nichts wie weg hier!

Dalli!

Ihr dürft ruhig versuchen zu fliehen!

Echt? Danke!

Schnell!

Ich frage mal den netten Herrn dort.

LALÜÜÜ!

Verzeihung! Wissen Sie, wo ich Gansbacher Spitze bekomme?

Die Bullen! Wir brauchen eine Geisel!

LALAAA!

Mach Platz!

Vorwärts, Mann! Rein mit dir!

Ach, Sie bringen mich hin?

Vollgas, Tobi!

Kein Grund zur Hetze, ich hab's nicht eilig.

LALÜ-LALAAA!

WROMM!

Sie sind wirklich sehr freundlich.

Wir haben sie abgehängt!

Los, zum Versteck!

Versteck? Seltsamer Name für ein Kurzwaren-geschäft.

Bald...

Das ist es? Ohne Sie hätte ich es nie gefunden. Es hat ja nicht mal ein Ladenschild.

Versteck den Wagen, Tobi!

Gemacht, Boss!

Kann ich jetzt die Gansbacher Spitze sehen?

Woher wissen Sie, dass ich welche habe?

Deshalb bin ich ja hier!

Hör mal, Rocky, wir müssen über das Ding reden, das du dir in der Bank geleistet hast!

Bitte, das ist unhöflich! Ich war gerade mit diesem Herrn im Gespräch!

?

Pah! Bring ihn in die Küche, Rocky! Wir reden später!

Geht klar, Boss!

Danke, dass Sie mir geholfen haben!

Keine Ursache! Wenn Sie mir jetzt die Spitze zeigen wollen?

Wie haben Sie nur erraten, dass Spitzenklöppeln meine Leidenschaft ist?

Erraten? Aber Sie haben mich doch hergebracht!

Meine Spezialität ist Spitze nach Gansbacher Art! Vielleicht, weil mein Onkel dort geboren wurde.

Hier also?

Nein, dort! Die Gegend hier gehört zu Erpelstett.

Meinetwegen. Wenn Sie es sagen.

Wozu widersprechen? Ich finde, jeder darf so wirr sein, wie er will. Tut ja nicht weh.

Gefallen sie Ihnen?

Das ist Ihre Arbeit? Sie sind wirklich ein Profi!

Das gibt den Ausschlag! Ich war lange genug ein Dieb!

Dieb? Reden wir vom Preis?

Unsinn! Ich schenke sie Ihnen! Und jetzt sag ich den anderen Bescheid!

Sie hätten nicht zufällig einen kleinen Imbiss für mich?

Aber ja! Bedienen Sie sich!

Die Komplizen sind von der Neuigkeit wenig angetan...

Du willst das Klauen aufgeben für die Klöppelei? Bist du bekloppt?

Es ist nun mal meine Berufung!

Schade. Nichts mehr da zum Spachteln. Und spät ist es auch geworden. Also dann...

Ich will nicht länger stören! Danke für die Spitzen und auf Wiedersehen!

Ich gehe!

Hier bestimme immer noch ich, wer aussteigt!

Das ist die Geisel der Bankräuber! Er muss sich selbst befreit haben!

Frag ihn, wo die Halunken sind!

BREMS!

Und so...

Aus dem Haus dort komme ich!

Alles klar! Sie warten hier!

Wir schicken Ihnen dann einen Wagen!

Danke, sehr freundlich!

WROMM!

Aber völlig überflüssig. In zehn Minuten geht der Bus zum Gansbacher Hauptbahnhof.

BUS FAHRPLAN

Wenig später...

So ein Mist! Für das Ding kassieren wir mindestens zwei Jahre Vollpension!

Kein Schaden! Dann hab ich mehr Zeit für meine Spitzen.

Derweil...

Zzz!

Zzz!

Wo ist denn die Geisel geblieben?

Der Mann mag wohl keinen Rummel.

GANSBACH

FRISCHLI

Ah, ich erkenne den Bahnhof gar nicht. Ich bin bei der Ankunft wohl zum Hinterausgang raus.

GANSBACH

Am Abend...

Hier, bitte. Hab ich sogar umsonst bekommen.

Wieso das?

Weil die Gansbacher komische Vögel sind. Die würden alle lieber in Erpelstett wohnen.

Ach?

Zwei haben sogar geglaubt, dass sie wirklich in Erpelstett sind!

Die Polizei dankt einem Unbekannten!

Aber sonst war alles besten... **zzz...**

Ein kräftig gebauter Herr mit, äh... eher ländlichem Auftreten hat uns geholfen, die Bankräuber zu fassen! Danach ist er spurlos verschwunden!

?

POLIZEI ERPELSTETT

E TV

ENDE

172

Carlo Panaro (Story), **Lara Molinari** (Zeichnungen)

DING! DONG!

Bin schon da!

Gustav! Kann ich was für dich tun?

Hättest du wohl ein Krüglein Wasser für meinen Kühler?

Klar doch! Komm rein!

Oh! Wie ich sehe, hast du vor, auf Reisen zu gehen?

Stimmt! Ich will heute noch in Urlaub fahren.

Und du freust dich nicht darauf?

Ehrlich gesagt fürchte ich mich eher ein wenig.

„Beim letzten Mal haben mich Scharen von hungrigen Stechmücken gepiesackt..."

Aaah!

„Und im Jahr zuvor hatte ich es mit gemeingefährlichen Kampfeichhörnchen zu tun..."

Uiks!

JOCK!

„Von der Geschichte mit der Notlandung in der Wüste Grobi ganz zu schweigen..."

Bisher war noch jeder meiner Urlaube für eine handfeste Katastrophe gut.

Dieses Jahr hab ich eine Woche in einem recht teuren Hotel in Monte Malatesto gebucht.

DONALD DUCK

Ich hoffe sehr, dass ich dort ein wenig Erholung finde. **Seufz!**

Hmm!

Weißt du was? Mir ist eben eine wie üblich geniale Idee gekommen!

Und die wäre?

Was hältst du davon, wenn du mich einlädst und wir gemeinsam Urlaub in Monte Malatesto machen?

Mit mir und meiner Glücksfee an deiner Seite wärst du vor allen Fährnissen gefeit, einmal blumig ausgedrückt!

Tja, so gesehen...

Einverstanden, Gustav! Du bist mein Gast!

Das höre ich mit Freuden, Vetterherz!

Wir nehmen am besten meinen Wagen. Apropos... das Wasser für den Kühler.

Ist schon in Arbeit!

Ich fahre schnell nach Hause und packe meine Siebensachen!

In zwei Stunden hole ich dich ab!

Und so...

Bevor es losgeht, will ich noch kurz in der Werkstatt vorbeischauen.

Vor einer langen Reise kann das kein Schaden sein.

Sie haben Glück! Heute ist mein Geburtstag!

Und deshalb wird Sie die Durchsicht Ihres Wagens keinen Kreuzer kosten! Kommen Sie in einer Stunde wieder!

Toll!

Siehst du, Donald? Meine Glücksfee hat sich bereits ans Werk gemacht!

Nach einer ereignislosen Fahrt erreichen Donald und Gustav schließlich Monte Malatesto. Jedoch...

Es tut mir sehr leid, Herr Duck, aber ich fürchte, hier ist es zu einer Verwechslung gekommen!

HOTEL

MONTE MALATESTO

Ihr Doppelzimmer ist versehentlich an einen anderen Gast vergeben worden.

Nun ja, so was kann passieren. Dann geben Sie uns doch einfach ein anderes Zimmer.

Unmöglich, mein Herr! Wir sind ausgebucht!

Ist mir das vielleicht wurscht? Ich hab reserviert und will ein Zimmer!

BOMM!

Darf ich fragen, worum es sich handelt?

Ähem... der Herr Direktor!

Ein Irrtum bei der Buchung! Das Zimmer dieser Herrschaften ist nicht mehr verfügbar!

Solcherart Irrtümer dulde ich nicht! Nicht einmal aus Versehen!

Selbstverständlich sorgen wir für Ersatz auf Kosten des Hauses! Wenn es Ihnen recht ist...

...wollen Sie bitte mit unserer Luxussuite vorliebnehmen!

Was sagst du nun, Donald?

Deine Glücksfee hat einen erlesenen Geschmack!

Schön, dass sie es so gut mit dir meint, dass sogar für mich etwas abfällt!

Später, beim Mittagessen...

Ich schlage vor, wir suchen uns einen Tisch in einer ruhigen Ecke.

Moment! Was glitzert da so einladend hinter der Grünpflanze?

Sieh an! Ein Ohrhänger, besetzt mit Brillanten. Den muss jemand hier verloren haben.

O nein! Mein Ohrhänger ist verschwunden! Das Geschenk eines Verehrers! **Schnüff!**

?!

Kann es sein, dass Sie das hier vermissen, gnädige Frau?

Jaaa!

Oh! Sie sind Angelika Jolly! Meine Lieblings- schauspielerin!

Kicher!

Sie haben ein großes Dankeschön verdient! Möchten Sie sich zu mir setzen?

Mit dem allerschönsten Vergnügen!

Und nach dem Essen bekommen Sie ein Poster von mir... mit meinem Autogramm!

Wunderbar! Das habe ich mir schon immer gewünscht!

Ähem... mir könnte das auch gefallen.

Leider habe ich nur noch eins.

Aber Sie kriegen eine vorgedruckte Autogrammkarte!

Na ja, besser als nichts, nicht wahr?

Wirst du wohl deine Augen bei mir behalten, Willibald? Ich dulde nicht, dass du fremde Frauen mit deinem Charme umgarnst!

Ömpf.

Am Nachmittag dann flaniert man durch den kleinen, aber feinen Ferienort...

Heute findet hier ein Umzug in historischen Kostümen statt. Hast du Lust, dir das Spektakel anzusehen?

Klar, das wird interessant! Es heißt, sie zeigen sämtliche wichtigen Personen aus der Geschichte dieser Region.

O nein! Das ist eine Katastrophe! Was sollen wir jetzt bloß machen?

?

185

Deshalb erhalten Sie zwei Karten für die Besichtigung der Burg von Baron Bonazastro!

Wie schön! Ich schaue mir immer gern historische Bauwerke an!

Bist du einig mit dem Lauf der Dinge, Donald?

Einig ist gar kein Ausdruck, Gustav! Ich bin glücklich!

Zum ersten Mal seit eh und je hab ich das Gefühl, wirklich in Ferien zu sein!

Und die Hochstimmung hält an...

Atemberaubend! Ich glaube, ich hab in meinem Leben noch nie so viel Luxus auf einem Fleck gesehen!

187

Diese Säulen sind ein Beispiel für... bla, bla...

Aus welchem Jahrhundert die Rüstung wohl stammt?

Keine Ahnung. Sieht aber ziemlich antik aus.

Fragen wir doch den Fremdenführer.

Wie? Weg? Das hab ich gar nicht mitbekommen. Und was nun?

Vielleicht sind sie da rein?

Herrje! Verzeihen Sie!

Huch?

Wir sind Touristen. Verirrte, offenbar.

Das macht doch nichts!

Ich bin Baron Bonazastro, und das hier sind meine verbliebenen Privatgemächer.

Es ist bestimmt eine Freude, in so einem fantastischen Gemäuer zu leben?

Es kommt darauf an, wie man es betrachtet.

So eine Burg ist sozusagen ein finanzielles Fass ohne Boden.

Und die Eintrittsgelder der Touristen decken kaum die laufenden Kosten.

Interessieren Sie sich für alte Keramik, meine Herren?

Und wie!

Fein! Dann folgen Sie mir bitte! Ich denke, meine Sammlung wird Ihnen gefallen!

Uack!

Was?

TAPS!

Neiiin!

Autsch!

KRACKS!

Seufz! Das war ein seltenes Stück, weil einmalig.

Ich bin untröstlich!

Nanu? Was soll denn das darstellen, hier auf der Innenseite der Scherbe?

ZIPP!

Der Adler derer von Bonazastro! Das Familienwappen der einstmals reichsten Familie im ganzen Land!

Man findet es hier überall. Sehen Sie, wie stolz es prangt?

Ein Zeichen der Macht und des Wohlstands!

Der Legende nach soll es noch heute einen verborgenen Schatz in der Burg geben.

Ich habe ihn gesucht, doch leider umsonst.

Hmm.

Ein Wappen auf der Innenseite einer Keramik, wo es keiner sieht? Und dann noch vergoldet? Das heißt doch etwas.

Ein Hinweis auf die anderen Wappen vielleicht?

Und auf den Schatz natürlich! Warum hätte man es sonst vergoldet!

194

Nicht die Leute anschauen! Du blendest sie mit deiner Schönheit!

Hmpf!

Lass das! Sonst passiert noch...

...ein Unglück!?

TAPP!

Vorsicht!

Uff! O nein!

Vielen Dank! Ohne Sie hätte es eine harte Landung gegeben! Wissen Sie was?

Ich schenke Ihnen diese Theaterkarten!

Was hab ich davon, wenn ich eh nichts sehe?

Perfekt! Ein Theaterbesuch hat diesen Ferien noch gefehlt!

So vergeht die Zeit fröhlich und wie im Flug, bis schließlich...

Der Alltag hat uns wieder! Aber ausnahmsweise fühle ich mich ihm gewachsen!

Weil ich völlig erholt bin! Eine geniale Idee, mit dem Schoßkind des Glücks in Urlaub zu fahren! Hihi!

Das sollten wir wieder mal machen!

An mir soll's nicht scheitern, Vetterherz!

Ich gebe zu, ich hätte nie geglaubt, dass Gustav so ein angenehmer Reisebegleiter ist.

Der Schrecken von Entenhausen

Trudi und Kater Karlo betreiben ihr wöchentliches Brainstorming*...

Wieso lehnst du denn all meine Ideen ab, Trudi?

Weil du immer dasselbe vorschlägst, Katerchen.

*Gedankenaustausch zwecks Ideenfindung.

Seufz! Mir fällt eben einfach nichts anderes mehr ein.

Die ständige Routine hat meine Fantasie verkümmern lassen.

Hm...

Matteo Venerus (Story), **Sergio Asteriti** (Zeichnungen)

Versuch's doch mit einer Anstellung.

Ich soll irgendwelchen Kollegen zuarbeiten?

Warum denn nicht, wenn die Prozente stimmen?

Und mein Ruf? Ich bin doch der Schrecken von Entenhausen!

Momentan ein arbeitsloser Schrecken.

Hrmpf! Und wie soll ich an Arbeit kommen?

Wie alle anderen auch, Katerchen.

„Du gehst zu einer Arbeitsvermittlungsstelle..."

In Ordnung! Wenn ich ein Angebot reinbekomme, ruf ich dich sofort an.

TELEFON

KURT KAST

RUND UM DIE UHR GEÖFFNET!

Wieso? Die suchen doch Leute.

BÄRENBAU

Schon, aber wenn ich ein Anfänger wäre wie du, hätte ich das große Schlottern!

Allein der Gedanke, wie blöd ich zwischen all den knallharten Profis dastehe...

...wäre mir so peinlich, dass ich auf der Stelle im Boden versinken würde.

Aber du sitzt völlig gelassen da. Respekt! Hehe!

Äh... ich geh dann mal.

Einer weniger, der mir im Weg steht.

Ich bin Vito Virus, die Nummer eins im Datengewerbe.

Angenehm.

203

Ihr stellt auch ausländische Scheinchen her?

WAREN-LAGER

Ja, der Import-Export-Sektor expandiert.

Harr! Harr! Super!

PRALINEN

In dem Umschlag findest du die Anweisungen für deinen Einsatz.

Ich setz mich gleich ran.

VITO VIRUS

KATER KARLO

Willkommen und frohes Schaffen.

Danke! Ich werde mein Bestes geben.

KATER KARLO

Hallo! So sieht man sich wieder.

Ach, du bist auch hier?

VITO VIRUS

KATER KARLO

Ja, hehe! Als Letzter in der Hackordnung.

Was meinst du damit?

Dass man beim Syndikat immer ganz unten anfangen muss.

Ach?

Ich hab vor, bis ganz nach oben zu kommen und Vorstandsmitglied zu werden.

Tja, dann viel Glück noch.

Danke! Zeig mir mal deinen Auftrag.

He!

Pah! Du sollst einen Geldautomaten knacken.

Mehr nicht?

So...

Das hab ich locker gedeichselt...

...bevor der Plattfuß auftaucht.

Alles erledigt, Chef!

Sehr gut! Morgen kriegst du deine Prozente.

Wie gefällt es dir denn bei uns?

Na ja, nicht übel. Ich fühle mich nur etwas...

Unterfordert, weil du hier nur ein einfacher Handlanger bist! Hab ich recht?

Gerade du könntest es bei uns zu etwas bringen. Du musst es nur richtig wollen.

Und wie ich das will! Dann bin ich endlich wieder der Schrecken von Entenhausen!

207

Ja! Vito ist gut, aber er trägt die Nase zu hoch.

Vor allem steckt er sie überall hinein. Und er hält sich nicht an unsere Anweisungen.

Allerdings ist er ein genialer Hacker.

Ich fürchte nur, er hat in unseren geheimen Daten herumgeschnüffelt.

Man kann ihm nicht trauen.

Während Kater Karlo ein absolut vorbildlicher Mitarbeiter ist.

Trotzdem sollten wir ihn auf die Probe stellen.

Klar! Was soll er denn tun?

Mit unserem „Juwelengeschäft" geht es zurzeit stetig abwärts.

Wenn Kater Karlo dort wieder Gewinne einfahren kann, holen wir ihn in den Vorstand.

Gut. Ich schreibe gleich die Anweisung.

210

Der alte Gauner glaubt tatsächlich, er könne sich an mir vorbeimogeln und Karriere machen.

GROSS-GAUNER

Da hat er sich geschnitten!

GROSS-GAUNER

Hm! Passwort? Verschlüsselte Daten? Kinderspiel für einen Fachmann wie mich.

Ich brauche nur ein paar Klicks und weiß alles, ohne Spuren zu hinterlassen.

Jetzt ändere ich den Code des Tresors, den Kater Karlo ausräumen soll. So, das war's.

Bald sitze ich im Vorstand!

213

?!

ZISCH!

Die nehme ich! Hehe!

Der Bewegungsmelder lässt sich ebenfalls leicht umgehen...

...und schon bin ich am Ziel!

Ich muss nur noch den Code eingeben, die Klunker greifen...

TRESOR

...und die Biege machen.

TRESOR

217

„Dafür sitzt du umso länger im Knast."

Was soll das heißen?

Dass ich dein Angebot, mit dir ein neues Syndikat aufzubauen, ablehnen muss.

Ich hab Größeres im Sinn! Ich will wieder der Schrecken von Entenhausen werden.

Nimm doch Vito als Partner. Ich biege ihm gerade bei...

KLACK!

Jiau!

...seine Nase besser nicht überall reinzustecken! Harr! Harr!

Autsch! Aua!

ENDE

Konzentrier dich,

Franz!

O nein! Ein Strafstoß! So kurz vor Ende!

Künstlerpech! Aber wenn Franz den hält, sind wir Meister!

J-2811-02

Konzentrier dich, Franz!

Mann, ist das aufregend!

Ich kann nicht hinsehen!

Ich auch nicht!

?

Das gibt's nicht!

Franz hat echt Nerven wie Drahtseile! Der pennt sogar dann ein, wenn es um die Wurst geht!

HURRA!

ZZZ...

ENDE

Marco Berti (Story), **Roberto Vian** (Zeichnungen)

Carlo Panaro (Story), **Alessandro Perina** (Zeichnungen)

Du siehst dir Berichte über das EM-Trainingslager an? Seit wann interessierst du dich denn für Fußball, Onkel Dagobert?

Seit Beginn der Kommerzialisierung dieses schönen Sports. Mich begeistern vor allem die wirtschaftlichen Aspekte.

Und diesmal habe ich mir die Exklusivrechte als offizieller Nahrungsmittellieferant unserer Mannschaft gesichert! Bei der Europameisterschaft werden die Herrschaften ausschließlich mit Produkten von Duck verpflegt!

Wie findet ihr das? Also ich finde es sehr bereichernd! Der Werbeeffekt ist sicher kolossal!

Und einen Ohrwurm-Werbeslogan habe ich auch schon: „Alles andere schmeckt wie Kleister — nur mit Duck-Food wird man Meister!" Volltreffer, oder?

Hoffentlich darfst du den noch auswechseln, haha!

Wisst ihr, Kinder, ich versuche schon seit Ewigkeiten, auf anderen Lebensmittelmärkten Fuß zu fassen. Und dieses Fußballturnier ist die beste Gelegenheit, meine Produkte zu präsentieren.

Ich selbst werde die Markteinführung einer breiten Palette von Duck-Speisen persönlich begleiten. Alles ist bereits geplant. Und als Ausrüster werde ich selbstredend im selben Hotel wie unser Team logieren!

Sagenhaft!

Dir ist doch klar, dass ich Fußballexperte bin, oder? Du wirst mein Fachwissen brauchen! Hast du nicht ein Plätzchen für mich?

Hmm...

Doch, es gäbe noch ein Plätzchen... ein Arbeitsplätzchen!

Was? Oje!

Meisterkoch Johannes Schlafer, der unser Team in meinem Auftrag nach Polen und in die Ukraine begleitet, braucht noch ein belastbares Mädchen für alles. Also wirst du dir die Reise verdienen, indem du dem Mann in der Küche zur Hand gehst!

Hrmpf!

Und ihr kommt natürlich auch mit, Jungs! Schließlich zahlt eh alles der Fußballverband.

Jippiiie!

224

Weniger plappern und mehr arbeiten, wenn ich bitten darf! Und ich darf! Sind die Auberginen endlich fertig? Was? Immer noch nicht?

Ich beeil mich ja schon, Herr Schlafer!

Nanu? Draußen steigt der Lärmpegel deutlich an. Ob sie das sind?

Jaaa! Da sind sie! Da kommt der Bus unserer Mannschaft!

Husch! Sofort zurück ans Hackbrett! Bei der Küchenkunst dulde ich keinerlei Ablenkung!

Aber... ich will doch nur kurz nach draußen und unseren Kickern zujubeln!

Wenn Sie rauswollen, kann ich Sie gern rausschmeißen! Sie können überbezahlten Halbwüchsigen zujubeln, wenn Ihre Schicht zu Ende ist! **Hacken, hopp, aber hurtig!**

Grmpf!

Derweil feiert man vor dem Hotel den triumphalen Einmarsch der Helden...

TROOOT!

MANNSCHAFTSBUS

Da sind sie! Hurraaa!

Hallo, Sportfreunde! Wir sind live dabei bei der Ankunft von Trainer Yogi Löwe mit seinen Mannen!

Grütze... Dopolski... Steinschweiger! So viele große Namen auf so engem Raum sieht man sonst nur auf dem Platz oder im Fernsehen!

KLATSCH!

KLATSCH!

KLATSCH!

EM 2012

KLATSCH!

Nur die Ruhe, Leute! Jeder kriegt sein Autogramm!

WILLKOMMEN!

Juhu! Wir haben jede Menge Autogramme!

Sogar das von unserem Trainer Yogi Löwe!

Haha! Euer jugendlicher Enthusiasmus erinnert mich an meine Goldgräbertage in Klondike! Und hoffentlich wird das hier genauso einträglich! Wenn unser Team ein grandioses Turnier spielt, bedeutet das für mich einen grandiosen Gewinn!

Rolf Simons

REZEPTION

Hm... bis zum Essen ist noch ein bisschen Zeit.

SCHNELZER

RAUS

Dann...

Ich freue mich, euch alle gesund und munter zu sehen, Männer, und begrüße euch herzlich zur Fußballeuropameisterschaft! Ich hoffe, ihr seid so hungrig wie ich — hungrig nach Siegen, nach Erfolgen, nach dem Titel!

Keine Sorge, wir kriegen Sie schon satt! Haha!

Ist das krass! Wir dürfen sogar im gleichen Speisesaal essen wie unsere Mannschaft!

Tja, Kinder, das sind eben die kleinen Vorzüge, die man als offizieller Verpfleger genießt.

Hmpf! Das sind eben die kleinen Nachteile, die einen ereilen, wenn man sich auf Onkel Dagoberts „großzügige Angebote" einlässt. Von den Kickern hab ich bisher kaum die Stimmen aus der Ferne gehört!

ZACK! ZACK! ZACK!

Schnabel halten und häckseln, Hilfshäcksler!

Despot! Kochlöffelkasper!

Herr Schlafer, die Spieler bitten Sie auf ein Wort in den Saal!

Ach?

„Ja, es gibt da ein paar außerplanmäßige Essenswünsche. Um genau zu sein, sie liegen vermutlich weitab von bekömmlicher Sporternährung."

Was Sie kochen, ist ja recht gut, Meister. Aber es ist halt alles Zeugs, was wir uns auch in jedem Trainingslager reinschaufeln. Also absolut langweilig!

Wir hätten zur Abwechslung auch gern mal was anderes. Was Leckeres und Motivierendes!

MENÜ

Nun, äh... von der Duck AG hätten wir da anzubieten: Hartweizengrießnudelvariationen an einer leichten Tomatenanchovicreme! Oder unsere extrem gesunden Sportlerkiesmehlcrêpes mit geeistem Gletscherschneesorbet! Oder...

Öhm... was eher Einfacheres wäre uns lieber!

MENÜ

Wie wär's mit schmackigen Schmalzkringeln, frisch aus dem Frittierfett, Jungs?

Aaah! Her damit!

Die sehen köstlich aus!

Schmatz! So was braucht man zwischendurch!

SCHLECK!

MAMPF!

Tjaja, Schmalzgebackenes ist meine Spezialität! Hihi! Ich habe zufällig gesehen, dass alle notwendigen Zutaten in der Küche vorhanden sind, und da dachte ich mir... Na, Hauptsache, ich hab euren Geschmack getroffen, Jungs!

Sehen Sie? Wie mein Neffe soeben demonstriert hat, ist dank einer mit dem Duck'schen Nahrungsmittelsortiment bestückten Speisekammer kein Essenswunsch unerfüllbar!

Na ja, gesund ist das nicht... aber lecker! **Mampf!** Darf ich Sie zum Dank als Gast zu unserem nächsten Training einladen?

Juhuuuuu! Nur zu gern!

233

235

Nun, ich würde sagen, auch ohne Torerfolge liefert die Mannschaft eine gute Vorstellung ab. Und der Trainer bringt immer neue taktische Anweisungen ins Spiel!

Meiner!

Ups! Seiner!

Hehe!

Stoppt den Kerl! Doppeldeckung! Na los, macht schon!

Moment mal! Wollt ihr damit etwa andeuten, dass da jemand finstere Pläne gegen unsere Mannschaft schmiedet?

Auszuschließen ist es nicht...

Grundgütiger! Wenn die Mannschaft bei der EM eine schlechte Figur macht oder sich sogar blamiert, kostet mich das ein Vermögen. Vom Imageverlust gar nicht zu reden. Wir müssen der Sache unbedingt auf den Grund gehen!

Hm, nach dem Mittagessen hatte ich den Eindruck, dass dein Meisterkoch die Spieler verfolgen wollte. Wer weiß, vielleicht gibt es ja eine Verbindung zwischen diesem Fiesling und dem unerwarteten Debakel eben?

„Ich behalte den Kerl besser im Auge!"

Tja... bisher benimmt er sich nicht gerade auffällig.

Oha! Aber jetzt! Was treibt er denn da?

VORRÄTE

Uack!

Halt! Stopp! Was soll das werden, hm?

Wie? Äh... das geht Sie nun aber wirklich nichts an!

Tut es wohl! Her damit, Giftmischer!

GRAPSCH!

Oh! Eine exotische Gewürzmischung?

Schnaub! Jeder Koch hat nun mal seine geheimen Zutaten! Aber das können Sie nicht wissen, Sie sind ja keiner. Das gewisse Etwas bekommen Gerichte eben nur durch ein gewisses Etwas!

Husch, an den Herd! Kontrollieren Sie lieber den Pastinaken-Pudding! Und kümmern Sie sich fürderhin gefälligst um Ihre eigenen Angelegenheiten!

Pah! Diesmal war es vielleicht nichts, aber der verschweigt mir trotzdem etwas.

Kreisch!

Männer, keine Kalamitäten, wenn ich bitten darf! Ich muss mal kurz weg!

!

Grübel... Schlafer betont doch immer, dass ein Koch nichts außer Kochen im Kopf haben soll. Immer volle Konzentration wie die Jungs auf dem Platz! Und ausgerechnet er zappelt hier seit Stunden nervös herum und rennt jetzt sogar mitten in der heißen Phase raus? Merkwürdig!

Die Sache stinkt gewaltig! Und damit meine ich nicht seinen Pastinaken-Pudding!

Ich muss sofort etwas unternehmen, bevor es zu spät ist!

Aha! Erwischt! Was verstecken Sie denn da?

Ähm... jedenfalls nichts, was Sie etwas angehen würde!

Ich bin der Neffe vom Boss! Mich geht alles was an! Also?

Oh, aber... das ist ja...

Ein Poster unserer Mannschaft mit sämtlichen Autogrammen. Es lag in der Nähe des offenen Fensters, und als es gerade anfing zu regnen, wollte ich das gute Stück in Sicherheit bringen!

„Ich habe nach dem Mittagessen einen kleinen Spaziergang gemacht und mir dabei die Unterschriften von Trainer Löwe und sämtlichen Spielern besorgt..."

In der Küche bin zwar ich der unumschränkte Star, aber außerhalb juble ich begeistert unserer Mannschaft zu.

Beim Kochen kenne ich keine Verwandten, auch nicht die vom Chef! Schließlich will ich, dass meine Fußballgötter kulinarisch nur das Beste zu futtern bekommen. Ich hoffe, das verstehen Sie! Da halte ich es wie der Bundestrainer: högschde Dischziplin!

Mein vollstes Verständnis!

Schließlich sammle ich selbst Autogramme von der Mannschaft und... holla, Moment mal!

Etwas später, in der Lobby des Mannschaftshotels...

Sieh an! Wo will er denn hin, unser Coach?

Oha! Weg! Wohin ist er denn verschwunden?

Den Fahrstuhl kann er jedenfalls nicht genommen haben.

Aber hier sind keine anderen Zimmer. Wo ist er also abgeblieben?

Hmm... die Besenkammer ist der einzige andere Raum weit und breit.

BESENKAMMER

Seht euch das an!

Also, eine stinknormale Putzkammer ist das jedenfalls mit Sicherheit nicht!

Bei Breitlers Backenbart!

BESENKAMMER

Sieh da, die Herren Duck! Hab euch schon erwartet!

Bundestrainer Löwe?! In einer geheimen Suite? Was hat das denn zu bedeuten?

BESENKAMMER

Haha! Wohl eher Löwin, Bertelchen! Nennt mich: „Die Löwin vom Vesuv"! Das würde mir gefallen!

Gundel Gaukeley!

Nur keine Sorge, dem Trainer geht's gut. Der ist wie alle diese disziplinierten Sportler sowieso total übertrainiert. Dem tut ein kleines Ruhepäuschen sicher ganz gut!

Also war es gar nicht Löwe, sondern du, der mit den Spielern spazieren gegangen ist?

Genau! Und ich stand auch bei der verheerenden Niederlage am Nachmittag an der Seitenlinie.

Übrigens war meine Vorstellung als Trainer makellos! Was also hat euch misstrauisch gemacht?

Dein Pech, dass unser Koch Johannes Schlafer ein glühender Fan unserer Mannschaft ist.

Während eures Spaziergangs hat er sich ein Poster signieren lassen — von den Spielern und auch von Löwe! Er konnte ja nicht ahnen, dass du in Löwes Gestalt unterwegs warst!

„Und als ich zufällig die Autogramme auf dem Poster mit denen verglichen habe, die mir meine Neffen unmittelbar nach Ankunft des Teams besorgt hatten, fiel mir sofort auf, dass die Unterschriften des Trainers völlig verschieden aussahen!"

Nachdem wir das von Onkel Donald gehört hatten, haben wir den Coach natürlich nicht mehr aus den Augen gelassen... oder die Person, die sich für ihn ausgab.

Kleine Schnüffler! Ihr seid schon helle Kerlchen.

Aber dieses Mal haltet ihr mich nicht auf, gnihihi! Ich habe eure Mannschaft nämlich mit einem meiner mächtigsten Zauber überhaupt belegt, mit dem **Fluch des Fußballvergessens!**

„Ein paar für einen Trainer vollkommen unauffällige Gesten haben genügt, um während der Testpartie sozusagen einen Schleier über das Spielverständnis der Mannschaft zu breiten..."

Hehehe! Natürlich schöpft niemand den geringsten Verdacht, wenn ein engagierter Trainer seine schwächelnde Mannschaft mit ausladenden Gesten antreibt!

Grmpf!

Der Zauber ist übrigens zweistufig! Die Wirkung der ersten Anwendung ist sofort nach dem Spiel wieder verflogen. Aber wenn ich den Zauber beim nächsten Training wiederhole, wird jeder einzelne der Spieler komplett und für die Dauer der gesamten Europameisterschaft vergessen, wie man Fußball spielt! Genial, oder? **Gnihihiii!**

Aber warum willst du die Mannschaft überhaupt daran hindern, eine vernünftige EM zu spielen?

Pah! Diese Kickerkasper interessieren mich doch überhaupt nicht!

Dich will ich damit treffen, Bertel! Als offizieller Sponsor, Ausrüster und Caterer eures Teams wäre der Imageschaden für dich enorm, wenn die Spieler versagen.

Elendes Teufelsweib!

Tja, noch kannst du der Schande entgehen! Du musst mir lediglich deine Nummer eins ausliefern. Dein Antihexensicherheitssystem auf Knoblauchbasis ist mir nämlich eindeutig zu eklig.

Niemals! Vergiss es!

An deiner Stelle würde ich es mir überlegen, alter Knicker! Wenn du mein Angebot ausschlägst, werde ich zusätzlich der Presse einflüstern, dass dein widerlicher Fraß für das schwache Abschneiden verantwortlich ist. Dann kriegst du nie wieder einen Fuß in den Lebensmittelmarkt und verlierst Milliarden!

Sobald du mir deinen Glückszehner übergeben hast, mache ich den Zauber rückgängig. Dann werden die Jungs spielen wie immer und ihr Erfolg bei der EM liegt ganz allein in ihren Händ... äh... Füßen!

Glbs!

Seufz! Ganz offensichtlich habe ich keine Wahl.

Sportsfreunde, ihr kommt genau im richtigen Moment!

Tja, uns hatten die seltsamen Auftritte unseres Trainers eben auch ein wenig irritiert.

Nach der Niederlage hat er uns in der Kabine die Köpfe getätschelt und gesagt, wir sollen nächstes Mal besser spielen.

Sonst ist er nach so was ordentlich sauer und erklärt uns stundenlang unsere Fehler!

„Spätestens als wir dieses Buch in der Tasche seiner Trainingsjacke entdeckt haben, war uns klar, dass irgendwas nicht stimmen kann..."

„Fußball für Dummies — Regeln und Taktik"?

Ab da hatten wir unseren Coach immer scharf im Blick! Und dabei ist uns aufgefallen, dass Sie ihn ebenfalls argwöhnisch beobachtet haben.

Und als Donald dann die Tür zur Abstellkammer aufgemacht hat und dieses Leuchten zu sehen war, sind wir sofort aufgesprungen und euch nachgelaufen.

Wir kamen gerade noch rechtzeitig, um den fiesen Plan dieser Ersatzbankhexe mitzukriegen!

Pech, Gundelchen! Da hast du im Triumph deines Erpressungsrausches doch glatt vergessen, deine magische Pforte wieder unauffällig zu zaubern, was?

Mir nach, Männer! Nichts wie raus aus diesem 5-Sterne-Hexenhaus!

BESENKA

„Sorgen wir dafür, dass Gundel die EM höchstens in ihrer Kristallkugel mitverfolgt!"

Damit tragen Sie maßgeblich zum guten Gelingen der Fußball-europameisterschaft bei, Maestro!

Wenn ihr wirklich was für eure Elf tun wollt, dann füllt diese Kiste bis zum Rand mit frischem Knoblauch und schickt sie per Schneckenpost zum Vesuv!

Aber mit dem größten Vergnügen!

HEXENHAUS VESUV OSTHANG

NICHT ARG ZERBRECHLICH

Knoblauch sollte auch gegen die magische Trance des Trainers helfen...

He, Coach, alles klar?

Hahaha! Werfen Sie uns in Zukunft bloß nie wieder vor, wir würden bei der Arbeit pennen, Trainer!

Hm... wo... wa-was war denn?

Moment, wir geben nur noch schnell der magischen Pforte den Rest. Auf geht's, Brüder!

ZOSCH!

Das war wieder mal ein ganz hinterlistiger Plan von Gundel! Er hatte sogar einen gewissen Kick, aber diesmal ist ihre Taktik nicht aufgegangen! **Kantersieg für uns!**

FRZZZ...

Ja, die Trine war voll ballaballa!

Danke, Herr Duck! Danke an alle! Ihr habt unser Team vor einer großen Blamage bewahrt und unsere Teilnahme an der Europameisterschaft gerettet!

Wenig später beginnt das große Turnier und das Entenhausener Team bestreitet das erste Gruppenspiel...

So feuert es sich doch deutlich entspannter an, was? Und wer gewinnt? Unsere Jungs natürlich! Kehlen geölt, Brüder?

Haha! Der wahre Zauber findet eben doch auf dem Platz statt! Und zum Dank hat man uns die besten Plätze reserviert!

Tooor!

ENDE